甌風

馬亦釗

甌風

Culture of Wenzhou

2019|第十八集

主编

方韶毅

编委

卢礼阳　金丹霞　沈　迦　方绪晓

文匯出版社

民国雁荡山游记（十篇）

卓 永 辑

游雁荡山记

赵 铸

丙辰夏，铸假归自校，便道重作雁荡游。屐齿所经，耳目所及，峰峦秀丽，美不胜收，兹编所记，仅什之一而已。

海内诸名山，雁荡最后出，而最奇秀，亦最僻远。其脉由仙霞岭东南经庆元，涉瑞安，抵青田，而为温州之雁荡山。古称东瓯三雁，曰南雁，曰中雁，曰北雁。南雁在平阳西南百里，中雁在乐清西三十里，北雁在乐清东北九十里，三雁以北雁为魁。北雁以二灵为最，其中有十八刹，唐贯休禅师题诗云：

本觉凌云到宝冠，能仁古塔上飞泉。

普明罗汉石门里，瑞鹿华严天柱边。

古硐灵峰真济并，灵岩霞嶂净名连。

石梁不与双峰远，十八精蓝绕雁颠。

读此诗可想见雁荡之胜概矣。

雁山高三十里，周围一百八十里，东尽乐清之境，西距白岩，南距玉环山，北距苍山，东西各分内外二谷，以马鞍岭为之界。自乐清来者从西入，铸自黄岩来则从东入也。过盘山岭，至绝岗巅，奇峰突兀，耸立天际。经大荆驿，石骨乱拔，尖者笔立，方者笏整。石门潭在驿之西，雁荡东外谷之门户也。自驿五里，抵章义楼，步西里许，则见野藤莽木，老松嫩篁，俱为溪光映发。山肩之上崭露一巨石，背袈裟，合掌向内，傍立石如阇黎，附耳而谈，大有送客之意。同行人指之曰："此乃老僧岩也。"昔人有咏老僧岩诗，形容尽致，今录于下：

大得无主意，真成不坏身。
兀然山口立，笑引往来人。（刘廷玑）

独立亭亭苍霭间，懒将瓢笠寄禅关。
春风秋月经多少，指点游人入雁山。（林齐铉）

空山与世远，高岩自千尺。
仿佛面壁人，接引入山客。（周青原）

眉毛雪霜白，衣祴苔藓青。
虎作大弟子，鸟度名王经。
溪声不断广长舌，了义入山君且听。（端木国瑚）

由老僧岩至西二里，上石梁洞，洞空十余丈，可容千余人。石汗滴沥如雨，石梁横跨其间。缘石梯而上，跻礼佛坛，有三石佛，岿然苍莽间，若相视而行，比肩而语，不知其高几百仞也。再行三里，逾谢公岭，则海枯天泣，眩怪狂走，行者叹绝。过雷岩，在南山之阳，过风洞泠然善也。冬日则阳气从下而上，牧儿以洞为炉。看大幞头小幞头，式如前清之朝冠。顶有灵峰，上合下开，削立云表，宛然在望。双笋峰才解箨数日，趺坐其下。观照胆潭，名不佳而实则相副。北望空悬一瀑，下作三节银河，滚落幽谷，时正梅雨，云来侵瀑，明暗万态。灵峰寺仅一草堂，栖穷佛。僧持雁山茶，烹潭水，则滴滴玉浆，指点莺崖，仙掌分明，愁胡侧目，汉人下涕矣。元李五峰咏石梁洞诗云：

六丁运神斧，凿此混沌素。
飞梁跨天来，横绝山中路。
行人不敢过，白云自来去。
长啸出山门，罗衣翠云暮。

青山栖白云，颠倒写绘素。
上有仙圣巢，下有猿鹤路。
秦皇窥扶桑，此石驱不去。
至今万鬼神，暗呜风雨暮。

从灵峰寺侧，上罗汉洞（又名灵峰洞），力步五六层，凡六百余级，再入万山积塞。洞正对两峰中，天如一棂，玄冰矗起，寒绝奇绝，汉宗室刘允昇弃家同二女学佛，实开此洞。洞中奉大士，傍列尊者，首坐诺讵那相最古。上有水沥方池，镌为浣心处。洞高且深，入洞则云来袭人，苔暗草软，时时侵轶。下洞举步益艰，而同人跳踉洞中大呼，声滃滃然，折转如线，片时乃堕壑口。出经响岭头，大树数十株，多不知名。数家图山写

观音洞外望　毕七敦 摄（原载《良友》一九三四年第一百期）

壑，汲乳耕云，坐卧俱游，桃梅作历，真世外桃源也。

再寻净名寺，久为茅草，但星桥无恙。水帘洞（又名水帘谷）如玉丝珠颗，景甚奇丽。过听诗叟岩，岩形如一老翁，属耳于垣，似闻大江流日夜者；或曰风打山眼，飕过如金仆姑，诗当作矢云。宋周邠咏《水帘谷》诗云："净名庵下水帘谷，万仞苍崖漱寒玉。布衣如帘窣地垂，更有一莺春度曲。"至响岩，其岩数穴，扣之则声震山谷。自是以往，壁壁夹立。通玄之窝，逋云之罅，悬雨之涧，射虹之泉，令人不暇应接。再去数里，乃入灵岩。灵岩西接紫薇嶂，谷内两岩对峙，作狮虎状。入谷里许，豁然中拓，祟峦怪石，森列万千。上有巨岩横展二丈，壁立千霄，紫翠层叠。正面曰平霞障，障下曰玉屏峰，左曰展旗峰，右曰天柱峰，约俱数千丈；右肩曰卓笔峰、双鸾峰、玉女峰、独秀峰，约俱千余丈。峰间瀑布直下，曰小龙湫，高三千尺。瀑从谷底扪崖而上，直造湫侧，方见瀑水从空喷落，不着崖壁，烟霏雾卷，回翔而下注于潭；亦能飞腾，四出射人，可谓奇隽。第为大龙湫所压，使在他山，居然第一流矣。

至天柱峰，平地矗起，孤圆削直，绝无墙壁，众山不能无愧色矣。予辈对大主人，又对长河，直写胸中，凿通万里，亟唤酒命炙，而云来争坐，予即却走。僧侣或尼之，未及山门，而大雨如注矣。肤寸即合，不可不习山家行藏也。饭罢，逢乡僧，言龙鼻水津津焉。遂持伞着屐，从净室取危径，篁菁屯塞，石齿确荦，草花甚多，一片寒禄。老僧引路前行，约里许始入谷。脚边俱南星草、芙蓉叶，夹藤牵蔓，腥湿疑雨。岩上淅沥，似觉天漏，缓手急足，强挽上始至洞。仰视则见一石龙从西南峡中，绕出洞顶数十丈，鳞甲猬磔，垂瓠大一鼻至洞尾。鼻二孔，一孔通滴泉入方石中，又舒一爪护鼻，俱古铜色，腻滑不知是石是龙也，毛骨为一栗张。而隔峡龙湫，湫声如海战，又如雷轰电掣，意是石髓之流动也。洞口正对玉女峰，镜中婵娟，朝朝以洗头盆，掖龙液，恐箭括湫隘，难为十丈莲花步

双笋峰　毕七敦 摄（原载《良友》一九三四年第一百期）

也。卓笔峰尖劲有力，不止起八代之衰，而双鸾峰似从太山崖戢翼于此矣。独秀峰昂藏自上，颠有百尺之松，四隅天削，有觌面永叹而已。

安禅谷天聪洞俱奇，尽不得上。出白云寨，渡锦溪，展转云壑，左顾右盼，飞泉甚多。经版障岩，如一派流霞。望观音岩峻绝不可攀，于是走石门寺废基。看常云峰，峰似云耳。过道松洞，洞以羽客得字，经瑞鹿寺遗迹。石马峰啕啕岳岳，安得浪指为马？沿洞有大峰曰千佛岩，人立而怒。对壁为迮云嶂，嶂上开二小钳。元李孝光谓是蟹足。稍入洞，有剪刀峰，分开千仞，一若欲剪青天也者。张肃之易其名为巨鳌而未决，吾以为山波似海，既有彭越，那得无蝤蛑。对壁有两穴，名阎王鼻，大似虎头虎眼。稍进为龙湫庵故址。行西折北，则入大龙湫矣。

大龙湫高约五千尺，水从崖中泻下，望之若悬布。随风作态，变幻无常，或如散沫，如骤雨，如飞雪，如轻烟，或飘转断续，或左右飞散，或直下如建瓴，或屈曲如蜿蜒，或细泻如中琴筑，或大注如撼震霆，种种奇态，不可名状。

龙湫之前有宴坐峰，峰下有亭，曰宴坐亭，亦名讵那亭。亭后有观不足亭，亦名忘归亭，其亭内观瀑布，外观奇峰，真可谓一生观不足也。湫顶则为荡湖，湖方十余里，水常不涸。雁之春归南海者，常留宿焉，故曰雁荡。路久荒塞，游者鲜知，即山中士人亦罕至也。相传湖不甚深，内多芦荻，瑟瑟常似秋容，即酷暑冷如也。

还从锦溪出壑，行七里，过古塔寺，仅有华阳洞，不及登。所谓梅雨岩星飘珠溅，颇为龙湫所掩。卓刀峰，仅当徐夫人一匕首，而含珠峰弄丸于夹谷之中，似从大龙湫盗睡骊者，终当风雨取去。逾数溪，至能仁寺。雁山万水奔呼，至寺后忽停静如凝靛。从左岭绕下，一溪头泻八尺水屏，声声玉珮。出行春桥，入寺，望火焰峰不可响迩，戴辰峰则手可以摘星矣。燕尾泉裂玉飞潭，时生空雾。看大镬一支，可饭千僧，云是宋官家

剪刀峰 毕士敦 摄（原载《良友》一九三四年第一百期）

物，意当年梵宫鼎丽，游屐必多，而今不能无铜驼荆棘之感也。于是从筋竹涧，上丹芳岭。旧传筋竹涧，康乐开山止此。山水有缘，显晦有候，岂图锸之所得取者？

过四十九盘，一盘一胜，回望一百奇峰，如郭子仪军偃旗息鼓，而战槊稜稜，俱有欲起之意。至岭半，则如看周家东房，西序赤弓，大贝纪甗天球矣。再抵大芙蓉街，古称花村鸟山，雁荡西外谷门户也，而雁荡之游尽于此矣。

余观天下山水，莫佳于浙东，浙东山水莫奇于雁荡。凡山皆横铺，而雁荡之峰独卓立；凡水皆著石，而雁荡之瀑独悬空。他山土石打半，而此山纯石不带沙土；他山虽峻，犹可攀登，而此山笋抽壁立可望不可上；他山奇峰秀壁，多不过十数，而此山千笙万笏不可胜名；他山所拟物象，约略似之而已，此山如刻如塑；他山佳处皆的然暴露，而此山则深藏谷中，外望若无奇者；他山一览意尽，而此山探之无穷，玩之不足，四荒而外不可知。若中土奇山，故当推此为第一矣。乃远者既梦想而莫到，近者又忽略而鲜游，村樵野夫日对而不知其奇，使节轺车涉猎而难穷其奥，是故有待于好事之搜剔，与文人之品题者也。雁荡奇峰百有二焉，或一峰而数名，或数处而多洞，无不像物成形，穷其变化，直如天造地设，故骚人墨客游览不绝。予有所感，重作兹游，亦能仿佛得其皮毛矣。或曰雁荡应秋游，予独以五月来，当受云物之咎，然吾不欲其一览而尽，故且以云纡徐委曲之。吾观灵峰之洞，白云之寨，即穷李思训数月之思，恐不能貌其胜，然非云而胡以胜也？云降为雨，雨降为瀑，酌水知源，助龙湫大观者，云雨之力也。至于秋清气肃，上荡顶，走山根，呼天剔地，则予尚有葛陂之龙在，复何憾也。

赵铸，生平不详。本文原载《学生杂志》一九一六年第三卷第十一期。又刊于孙季叔编著《中国游记选》，亚细亚书局一九三四年九月初版。

天台雁荡二山游访记

高鹤年

民国十年五月十二日，海门搭小轮，至黄岩县宿，同行者有余元流君。

（中略）

七月十六日，出山，晚至台州。

十七日，乘船至黄岩县宿。

十八日，午抵海门。饭毕，往游白枫山清修寺。沿山径，约四五里，中有一峰突兀空悬，盘旋而登，左右诸峰林立，面对海洋，一望无涯，相传宋高宗驻跸于此，并有御题联句。再往海口一游，古迹均湮废矣。

十九日，海门雇小船，六十里宿大溪镇，属黄岩、温岭二县。

二十日，出镇，遥观雁山诸峰插天，透出云表。雁荡风景，首推二灵为最，其景物聚集故也。三十里大荆镇，七里接佛寺，遥观有大石如人立山坡，名老僧崖。二里石梁洞，梁悬洞上，有天窗透光，内有清泉冬夏不涸，下有石梁寺。三里谢公岭，遥望诸崖，争奇竞怪。二里天冠峰、云板洞、果盒桥，南为连云嶂。西行灵峰寺，昔日寓此，今则颓败。左上北斗洞，西上数百武观音洞，又名罗汉洞，在合掌峰下。相传唐时多怪异，有高僧独处其中，诵《法华经》，怪不为害。宋供观音像，迩来香火颇盛。又曰一线天，闻内有秦桧摩崖一处，遍寻不见。洞内陟九坛，三四百级，有珠帘水、漱玉泉等。殿旁有洗心池各胜迹。沿山直上，三里许，碧霄洞，金玉峰居士中兴。由风凰洞至长春洞，阮石泉先生重修。上有五老凤凰诸峰，皆奇秀。至洞休息。时当风雨连朝，行路颇难。

二十二日，游净名寺。昔颇壮观，今则住持无人，仅有善友照管而已。行三里，折向南，沿翠微嶂，行响岩，入灵岩谷，至灵岩寺，寺亦无僧。后岩有蒋叔南先生筑有山房，并发意维持雁荡各寺古迹，并派人引导指示一切，因留宿。灵岩面对锦屏、独秀诸峰，罗列环抱于寺右，登数百级，为龙鼻洞，有龙鼻水。壁间有唐宋摩崖颇多，足宝贵也。上有小龙湫瀑布等胜。折回灵岩。

二十三日，出谷南向，二里许灵岩村。五里上马鞍岭，东西谷分界。下岭石城嶂，五六里入谷。里许大龙湫瀑布，天下奇观。谚云："欲画龙湫难下笔，不游雁荡枉为人。"旁有龙井，深不可测。折回谷口，外行二里，华严岭。里许罗汉寺，明卧云和尚开山，今住俗人数家，犬豕成群。昔日清净兰若，今成粪秽之场，可叹。前有宋建石桥。由筋竹涧，约三四里能仁寺，内有一僧假宿于此。

二十四日，余一人独行，携竹杖草帽干粮，往雁荡山顶一游。三里芙蓉岭，二里石门村，村内雇樵人引导。由连云岭，约十五里，先经深林，后上荒山，崎岖难行。抵山巅，广阔数里，人迹罕至，底洼之处即雁荡，周约里许，满荡青草，水藏其下，中有数泉，古有雁宿，今亦不见矣。遥望大海，茫无津涯，天台括苍，秀出云表。与樵人分食干粮，饮荡中水，顷刻雾起云飞，千峰不见。樵夫曰："快快走，雨来了。"下坡约二三里，乌云四合，狂风暴雨，无处回避，周身透湿。心中照顾，念头不为所转。经黄泥坡，坡陡路滑，樵人滑下，将余打倒，扶起同行，余又滑下，将樵人跌下。是时风狂雨大，行快跌快，扒起快，溜下快，拖泥带水，一时许抵石门村。樵夫笑云："我二人由雁荡一路滚下来。"至樵家稍息仍回能仁寺。晚饭时，饥火中烧，急不择食。食后大呕吐，乃知菜是荤油炒，苦哉！

二十五日，折回北斗洞，古名伏虎洞，宗松羽士募修楼阁数层。休息

雁荡途中 郎静山（原载《特写》一九四六年第二期）

数日。洞前石龙戏水，诸峰拱秀，崖石争奇。惜不能在此清修，辜负山灵矣。

高鹤年（一八七二—一九六二），名恒松，号隐尘野人，别号终南侍者等，江苏兴化人。佛教居士、佛教学者、旅行家。曾当选为中国佛教协会理事、江苏省人民代表大会代表。本文选自高鹤年《名山游访记》，佛学书局一九三五年五月初版。

游雁荡山记

钱名山

壬戌三月八日抵上海。十一日抵宁波易船。十二日至海门，买叶舟南行，八十里至大溪。十三日乘竹兜，又南三十里至大荆，巨樟参天，鹃红被岭矣。大荆溪一名蒲溪，清妍绿净，叠石卵为堤，不着寸土，是为雁山东境，西过老僧岩，升谢公岭。岭界东外内谷，入北斗洞，洞在灵峰之下。是日雷雨，灵峰右折为合掌峰，实一峰也。前有双笋峰，下有照胆潭，左为倚天岩、碧霄峰、将军洞。入将军洞，碧霄且在足底。洞口水帘惊风，时来袭人。夜宿北斗洞，洞中三重楼，正对双笋、天冠、超云、金鸡、伏虎诸峰，皆近隔一涧，惟双笋在涧内。夜闻风雨不绝，实泉溜也，雨颇止矣。明晨西过响岭，过雪花岩，响岩门，岩石击之有金声。经玉屏风、紫微障、莲台、五指峰，又过马鞍岭，则西内谷矣。面一峰起为芙蓉峰。沿大锦溪，大龙湫下流也。过石城、化城诸障，又过瑞鹿寺，一峰与寺对，曰瑞鹿峰。过锦屏风，行剪刀峰下，再转入石壁，大龙湫如千百流星下射，烟雾随之，水下潭轰石，应成钟鼓噌吰之音。同人爨能仁寺，予独下涧，坐观燕尾瀑，正见紫霄峰在其上。饭毕，东还过马鞍岭，雷雨大至。东入灵岩寺，寺面南，背倚屏霞障，右列龙鼻岩及独秀、卷图、双鸾、天柱诸峰。天柱刚雄峻直，自下仰之，不异华岳削成四方矣。左列大展旗、小展旗，其对面稍远，则为大小木鱼，多草木，碧绿可喜。灵岩天下奥奇之府，昔人以为山之明堂，而其下筼筜万亿，周阿而生方岩中，有潇洒之致。入龙鼻、独秀谷间，观小龙湫。入山人蒋氏屏霞庐避雨。入净名寺，寺倚伏牛障。稍右壁多孔为莲蓬障，又右为铁城。铁城深邃，惜以雨未穷其胜。左转入谷，观三折瀑，返灵峰。

两日雷雨，观瀑之遇也。然予以为夏日溽暑，龙雷交发，其瀑尤不止此，今日见瀑多矣！其名者，皆藏重壁间。夏雨瀑狂必溢谷，游者安可入大龙湫下忘归亭，仅有遗址，我固疑狂瀑所毁也。吾观造物之意，悬瀑若甚宝贵，故藏之惟恐不深，然世人遂不能尽其奇，天固无如之何也！雁山皆立石，其直方者皆天柱、天冠也。其联属者，皆铁城、霞障也。其卓立者，皆碧霄、剪刀、独秀也。其层岩袭壁，覆敦重甗，率隔涧对立，以折奥为奇，仰视皆倚天切云矣。必若琐屑模拟其崖石之形，多立名字，转恐失之。独巅崖无古松寿木，意其石质坚栗，木根不行。与黄山石不同，黄山峰树，苍紫接天，而雁山奇石，不复恃藻绘生色，独双鸾峰有松一株，乃为仅见。

自入浙东，见地无剩利，陵阿之上麦苗被之，固知瓯民俗勤。然雁山无古木，意勤俭之过，则为近利。松难成，远五百年，近非二百年不可。吾为山计，惟有急种竹，使被山皆若灵岩之麓，则善矣！

明日欲探雁湖而胃病作，中道而返，过谢公岭入石梁。由大荆观石门潭，来自蒲溪潭之下流也，石崖夹水为门。入门益清妍浩淼，滩无寸草，水无尺荇，乃至无纤滓无点沫。门以上清流，转山再折而不见其源，但见平畴远屋，四山青碧，远近回环，惟石门一水通人间。循流踏石卵，行里许，时见一篙乘竹筏，载杂物，顺流而至，其来盖远矣。

呜呼！吾见天下水多矣，未有乐人如此水者也！耶溪、圣湖，美则美矣，其清不足云也。颍川、汨罗，清则清矣，其美不足云也。庐山、玉渊，深而未广，未若此清秀舒纡，使人不惭形秽则愧心垢矣！启行日，开卷得江文通《爱远游》，篇首有名山不返语，颇不怿，家人以噩梦谏。呜呼！孰能使名山不返？使名山不返者，独石门潭水耳。虽然，孔子曰：“吾非斯人之徒与而谁与？”敢告山灵，名山返矣！

钱名山（一八七五—一九四四），名振锽，字梦鲸，号名山。江苏常州人。光绪二十九年进士，授翰林院编修，官刑部主事。工诗文，兼擅书法、绘画。著作甚多，为“江南三大名儒”之一，享誉艺林。本文作于一九二二年，选自钱振锽《名山三集》卷四，一九二三年木活字印本。

游雁荡山记

唐庆诒

民国十五年七月二十三日接郭云观兄函，谓美友格利格尔君 Mr.Gregory 相邀作雁荡山之游，倩余同往。下午四时，余由无锡往上海五马路外滩乘新宁绍至甬，船价一元半，小账倍之，官舱内有小铺。六时开船，晚餐以鸣锣为号，凡四五桌，食客据案鲸吞，馁鱼醉蟹之属，顷刻而尽，余勉进饭半瓯。食后至甲板眺望，则见明月中天，有青光自东方来，直如砥矢，疑造物斧斤所施者。水月相遭，流光倏忽，睡后闻两岸蝉声，与风水声相和也。

廿四日上午九时抵宁波。上永宁号船，此船往定海、海门、坎门、温州。由甬至温州，官舱六元。所谓官舱者，纵横不过六七尺。有坑一，旧桌一，小洋灯一，茶壶一。舟过定海，即入万山中。峰峦四合，波光瞬息千变。晚抵舟山。

廿五日黎明抵海门，其地僻处海隅，人烟稀少，有海门旅馆、浙江旅馆。过同善社，内有人方朝食谈道，又过耶苏堂。闻海门有东山之胜，步行往访，盘旋上山，行数里，见新建屋宇，门前镂刻花鸟绮丽，有匾曰“弘农家世”。又行半里，遥见粉墙一角，山人告余曰，此东山花园也。拾级而登，过石门，上刻“东山书院”四字，又上曰“东山别墅”，其间多奇花怪石，行数十武，入一亭，匾曰“山青水绿”，上款楚卿先生，下款署卢永祥，询之花匠，悉主人为黄楚卿，海门巨家也。亭四园皆垂柳，莺声流转，过延津桥，又入一亭，有“湖山一览”匾额。俯瞰大海，远望群山起伏，其间灵气所钟，倘有再起之士乎。九时后亟寻原径返舟，下午四时开驶，舟过海门，山益多，水益亟。晚餐后，余徘徊船头，忽见西方一大火球自水面升，光采晔然，俄而朗澈晶莹，始识冰壶本色。归寝后，风涛相豗，山海间电火闪烁，舟身震荡，不得入睡。

廿六日抵瓯，即往苍河巷十一号访郭云观兄，时云观兄方裁笺寄锡也。余卧室中除严几道所书“悬知心动非幡动；至境衣传是钵传”及云观兄所书“和易微参柳下惠；慎言窃比摩兜坚”二联外，别无长物，然清雅可喜。云观兄谓余曰，顷接西人格利格尔君来书，称其夫人病笃，不能同往雁荡，且前日瓯江内飓风覆舟，死者一百二十余人，仅二十人遇救，可为寒心，雁荡之游，不如俟之异日。虽然，我不愿足下虚此一行，当同游近处仙岩、积谷山、梅雨潭、飞霞洞、头陀寺诸胜，亦可以访大谢之遗迹，观永嘉山水之一斑矣。

廿七日与云观兄游华盖山，登大观亭，有联曰："大观在上；小住为佳。"于此东望大海，西望松台山，南望蒲岐，北望桐岭，楠溪郁郁葱葱，云山表里，蔚成大观。又游积谷山，上一楼，有大树砌屋宇中，枝叶扶疏，名曰"卧树"。旁有精舍，有匾曰"留谢"，即指谢灵运也。楼上有佛龛，上为飞霞洞。旋游温州市廛，有商店曰"博瓯"，地铺花石，百货杂陈，足与上海先施、永安公司颉颃。温州城墙长约十八里，街道整洁，光绪二年初辟商埠时，人口仅八万，今增至二十万，商业以东南两门为盛，温州号称多佳丽，出其东门，兴匪我思存之感焉。

七月三十日，云观兄见余游兴甚豪，乃倩其妹丈马公愚君伴余同作雁荡之游。晨七时自温州乘轮往白溪，舟名"运大"，可载四十余人，往来温州、台州间，舟离瓯江，出外海，风陡增，舟近台州方岩，则雁荡亦在望中矣。舟抵白溪，即有小划船冒风波来，舟客跃入小舟，随潮势而行。上岸则见山海间居民鲜少，有煮盐处，引海水入内，经过黑沙，盐乃于此炼出，居民除煮盐外，以耕渔为业，终岁勤动，而无效率，其犹有无怀葛天氏之民风欤？其境洪荒寥廓，一若与宇宙为始终者。余与马君及仆夫乘轿登山，轿以竹杠、竹椅扎成，顶上有蓝布一方，藉蔽烈日，乘者仰卧轿中，虽自备绒毡，犹觉脊骨酸痛。至灵峰道上，山势渐高峻奇特，云气滃然，古松与日光相映，益增奇趣。初迎山而行，及下谢公岭，则见朝阳峰与蜡烛峰屹然对峙，由灵峰拾级而登，即至北斗洞，其地可容四五百人，游客之旅舍也。余等卧室甚大，壁上有旧拓山谷所书一联云："瑶草仙芝拂我坐；碧云明月伴人游。"北斗洞原名伏虎洞，有楼四重，日光穿漏，而风雨不能入，有石龙蜿蜒，似山之骨脊，洞中道士十余人，其主者许姓，年五十余，置酒款客。晚间闻风雨之声飘忽，盖山中流泉声也。道人讽经咿哦，终夜不绝。

三十一日黎明起，山气灵爽，山峰多拔地而起，怪诞可愕。余等闲步寺外，则见千峰罗立，移步换形，不可方物。近处名胜之可游者，曰灵峰洞，中有佛龛，四旁假山均镀金，光彩耀目，虽不能拟美国康德基省之孟母洞，然以视杭州之紫云烟霞，则远胜之，曰长春洞，地势险峻，道窄仅容一人。余等至最高处，据石脊俯视，则见一石谷，缭曲幽邃，如山之耳，曰果盒岩，上有半月洞，下有果盒桥，桥下鸣玉溪水声淢淢然。旁有连云障，障上有犀牛望月、猫儿眼、斗鸡峰、五老峰，迤逦向西行。过铁城障，横亘数里，北斗洞前诸峰，参差罗列，以幽秀胜，铁城障砬立千古，以雄奇胜，障上飞鸟绝迹，但闻哀蝉声摇曳。旋过水帘洞，洞内皆苍苔，杳无人迹。洞南有蝙蝠峰、参差峰、龙头岩诸名胜。

又南至灵岩寺午餐，寺僧赠《灵岩图》一幅。灵岩寺附近山峰之奇者，则有天柱峰、卓笔峰、卷图峰、玉屏峰，水之秀者，则有小龙湫瀑布。余等食后即乘轿上马鞍岭，山道崎岖，行数小时，乃达锦溪。下轿沿锦溪向北步行，翠微横路，泉石之胜，酷似美国黄石公园。约行三里，抵一帆峰，即遥闻潇潇飒飒声，未久达大龙湫瀑布，其水自山岭飞坠而下，高数百丈。遥望碎银断续，大者如珠，小者如雾，其姿态与节奏则随风势为转移，风静则如带练之下垂，风动则如轻雾之飞扬。时已薄暮，遂匆匆返轿。夜宿能仁寺，卧室湫隘，熠燿宵行，怪鼠出没，床柱震动欲坠，佛性慈悲，而游人苦矣。

八月一日晨，观能仁寺后大镬，据寺僧云重约万斤，可供千僧之食，为宋元祐时所制，维时雁荡山寺院，盛极一时，后遭火劫，至今遗迹犹存。近处有霞映潭，清涟鉴影，其水来自燕尾瀑，为雁荡十三瀑之一。其高不如大龙湫，而阔则过之，既观霞映潭，即乘轿过火焰峰，兼程而进，经四十九盘，皆羊肠鸟道。山民有谚云，四十九盘盘半年。言其山势险绝也。轿夫汗发背，鼓勇前进，过四十九盘后，大风忽起，余等主仆三人，携手借伛偻而行，余草帽为风吹去，若在四十九盘遇风，则人轿不难卷入千仞谷也。午刻抵大芙蓉村。下午三时抵虹桥（属乐清）见张云雷、张慕群两君，观乐清居士林。余等本拟由虹桥乘小划船至馆头，夜半趁潮挂帆取海道回温州，因风势甚亟，留宿胡氏兄弟家，胡氏兄弟一名然，一名非，曾在大夏大学受业于内子庆棠。夜阑闻风声吼怒可悸，如乘舟回瓯，危险殆不可测。余等抵白溪后一天，即起大风，若风起一日前，则雁荡之游不果，若起于航海之时，则不免覆溺之厄，若此次之风为风身而非风尾，则惟有枯守名山耳。

二日，天未明马君唤余起，胡氏兄弟复设盛馔款客。酒半酣，余等匆匆告别上舟，时已五时半矣。九时舟抵华超，距轮船码头尚有二三里，石路崎岖，余等疾驰而往，途中遇数人曰，轮船已开驶，极目望则见白烟一缕，起自水滨，旋闻汽笛一声，乃怅然取原径回，乘小舟往乐清。时天气酷热，舟篷甚低，不能起坐，余等蜷伏其中，汗下如瀋，且风水皆逆，舟入浅水，则舟子与仆夫推挽之而行，有时须过坝，则以巨索系舟于大石柱，柱上横插木杠，乡人男女四五人，手把木杠，环柱而行，舟乃徐徐上坝下坝，良久入水，如是者自上午十时起至下午五时，仅行二十里，距乐清尚二十里，余等终日未食，忍饥起岸步行。乐清县城自经发匪屠城后，商业凋零，余等薄暮入城，则见颓址荒垣，不胜三户憔悴之感。马君偕余访其同学陈君，其家业农，四壁悬油画。陈君云，由此至馆头尚远，不如暂宿乐清，明日可乘小舟至里隆，复乘小轮至温州。陈君乃伴余至其友人家，时天已昏黑，余等四人在颓垣瓦砾中，纡回摸索而行，途中不见一人，道旁若有人狙伏者。既而过城门，渡石桥，约行一里余，陈君曰，至矣。则见大门巍然，有巨犬逡巡侧避狂吠，主人者洪姓，余等投刺入，则三人已熟睡，不得已往访赵姓家，主人披衣延客，亲自铺床扱水，意甚殷勤。是晚山风动屋，不得安睡。翌晨五时乘小舟至里隆，沿海小镇也。午刻有连环公司轮船来，亟乘小划船追及跃上，至温州时已夕阳满江矣。

唐庆诒(一八九八—一九八六)，字谋伯，祖籍太仓，定居无锡。一九一八年毕业于美国比伊洛大学，一九二〇年获美国哥伦比亚大学硕士学位。曾任交通大学外文系主任，光华大学、大夏大学、震旦大学教授，无锡国学专修学校国文教授。编有《近代英文名著选》《忆往录》等。本文选自唐庆诒《漫游记》，常州人文印书馆一九三五年版。

雁荡游记

刘孔钧

雁荡山水，雄伟奇特，甲于全球。此康南海甲子游雁荡时语也。山在浙东乐清县治之北，高三十里，其阳东西横跨六十里，其阴横跨四十五里。南北深四十里，周围一百八十里。东至石门潭，西至白岩，南至筋竹涧，北至甸岭，是为本境四址。合外境附近诸山，东西一百十里，南北一百里，周围四百二十里。有百二峰、十八刹、十院、十八亭、二尖、一涧、二峡、二屿、四十六洞、六十岩、八谷、十四嶂、十二岭、十三溪、二十二潭、十七瀑、八桥、九门、三湖、七坑、四水、九泉、二十五石之胜。吾乡与之隔带水耳，梦游者屡，订游者再，而未一过也。

癸酉中秋后九日，余有事乐城，遂往游焉。同游者张子汉卿。次日黎明，乘肩舆往。维时禾黍登场，鸿雁在天，松翠枫红，点映林麓。午饭于虹桥之文昌阁。无何，跨海塘，渡清江，极望烟波浩淼，岛屿潆洄，令人有海上三山飘然物外之想。日晡过白溪，林木蓊翳，崖石崭削，径纡壑邃，渐入佳境。须臾，峰回路转，则山从苍翠中拔起各数千仞，如断岸，如筑驰道，如重城睥睨，其群峰如剑，如槊，如华表，如竹抽箨，如灵芝，如兽伏，如鸟整翮，如人立或坐，如合掌，奇幻诡怪，不可殚述。正欣赏间，忽曜灵匿影，风雨交作。

抵北斗洞，已暮色苍然，遂止焉，洞口有额曰："蓬莱仙境"。入其内，极轩敞，有楼三层。曰海会楼，曰集贤阁，窗明几净，可容千人。旁有珠帘水，自悬崖滴池中，石刻大字曰："天浆玉液"，其味芳冽，多饮不胀。同人宿于楼上之左宜轩。夜间秉烛读壁悬傅增湘所书之王梅溪诗。诗曰："雁荡冠天下，灵岩尤绝奇。烟霞列屏幛，日月悬旌旗。岩前有卓笔，可以书雄词。天聪况非遥，洞然听无疑。愿起灵湫龙，云雨行可为；愿用真柱石，永支廊庙危；愿扇造化炉，四海归雍熙；愿招鸾凤友，朝廷相羽仪。何人梦石室？妄谈夸一时。那能了世缘，未免贪嗔痴。名山误见污，公议安可欺？愿供龙湫水，一洗了堂碑。诗以寄老禅，狂言勿吾嗤。"盖旧传秦桧尝梦至一洞，群僧环坐，后经雁山，始知所梦，因筑了堂，为诗以记，有"欲了世缘那得了"句。后王梅溪为诗讥之，故有"名山误见污"，及"愿借龙湫水，一洗了堂碑"等句也。余闻康南海昔年游雁荡，曾宿此洞，寻其墨迹不可得。忽见壁间大镜框后，隐约有字，急令童子除之，则赫然康氏所书之"鹤"字也。字大三尺，淋漓有致，上款为"鹤龄延年"，下款为"甲子春天游化人康有为留"。是夜檐溜淅沥，风雨之声震耳，意明日天公不作美矣。

次日早起，一轮红日，直射窗棂，乃大喜过望。小立庭中，天风拂衣，仰望两峰环抱，高数百丈。童子语吾：虽大风雨，庭中不湿，洞口向阳，故日光灿烂，殊不类石屋也。出洞数十武，西有听小岩，东有蜡烛峰，对面则锯版岩、五老峰、狮子岩、犀牛望月峰罗列其前。须臾至灵峰

听诗叟及朝天鲤 邵度 摄（原载《良友》一九三六年第一百二十三期）

洞，亦名观音洞。洞口额曰：“洞天福地”，二门额曰：“法雨上施”，联曰：“天于一线光明路；洞滴几点洗心泉。”洞内有寺，凡九层，合山门为十一层，七百余级，洞上合如掌而成屋檐，曰合掌峰。檐前受日月光，爽朗可憩。中漏青天似玉壶冰，曰一线天。洞顶左壁有洗心泉，从石罅洒下，有小方池承之，中实以小圆石，水落石间，即隐而不见。泉铮铮作响，静聆之，心脾若刷。洞顶中央有石缝，水从缝中出，高数丈，飘空如线一缕。聚而不散，是曰一缕泉。灵峰旁为双笋、橐驼、仙掌、灵芝、幞头诸峰，皆拔地而起，而命名之肖，悉确切不可移。洞口之南，有水黝然而渊渟不异轩辕镜者，照胆潭也。旁为风洞，则冷冷然要吹葭六琯矣。

自此越谢公岭，即望见老僧岩，俨然一秃顶头陀，袈裟合掌，精神毕露。旁有立石，如小沙弥附耳而谈者。折而回五里许，有睡猴峰、将军抱印岩，登桥望之，则睡猴峰变为猴披衣峰。移步换形，而净名寺在目矣。寺建于宋太平兴国二年，嘉祐七年，浙漕李复圭爱其山水秀异，立净名院。八年赐额，寺傍崆峒，幽坱秘深，入之者窅然无尘念。寺右一片屏障，高深秀丽，赪色类秋霞，可使绊芒者送目。行三四十步，有铁城障、游龙障，相夹露天仅丈许，深数百仞，呀然虚静。下乃石涧磊落，不沾土积。寺内有池，悬崖倒影池中，作魁星状。门口望之，有蝙蝠、伏虎、二仙谈诗诸岩。自寺南行，一路秋涧澄鲜，岚光悦目。山之坳，烟火数家，清溪石桥，白云红树，仿佛桃源。过响岩，舆夫积声索应，字字洪朗，以石击岩，声震山谷。鼓吹游山，此处却不妨数部。远望听诗叟峰，一人耳属于垣，似闻大江流日夜者。或曰：风打山眼飕过如金仆姑，诗当作矢，听诗不恶，听矢更自胜也。

少选，至灵岩寺。绝壁四合，摩天擘地，曲折而入，如另辟一世界。寺居其中，南向，背为屏霞幛。顶齐而色紫，高数百丈，阔亦称之。障之最南，左为展旗峰，右为天柱峰，高三百余丈，围百余丈，色白体

灵岩寺 邵度 摄

（原载《良友》一九三六年第一百二十三期）

老猿披衣 邵度 摄

（原载《良友》一九三六年第一百二十三期）

圆，为灵岩诸胜第一。寺额系康南海书。联曰：“灵秀萃名区，超乎大地；岩峦多变态，别有洞天。”上署壬申季秋中浣，下署仰天窝人撰书。旁有石刻曰：“嘉庆三年四月四日学使阮元偕客来游。”二门口有石刻，曰：“海上名山”，下署“万历癸未夏侍御岭右张文熙书于小龙湫之岩石。”左曰：“寰中绝胜”，上署“万历庚戌冬仲”，下署“关中张惟任题”。考太平兴国四年，僧行亮、神昭，挈瓶荷锡，共访幽奇，得雁山安禅谷居焉。新市蒋光赞为建殿宇，寺之山水灵秀，名闻京师。太宗命中贵人持御书五十二卷赐于寺。咸平十二年，赐额“灵岩禅寺”。天圣十年，仁宗赐藏经千卷。元至正间遭兵燹，经书亦无存者。至明洪武八年，僧道沛重建。二十四年，归并成丛林。后圮，督抚徐公栻重建。今之寺甫于年前由邑绅蒋叔南募捐重建，堂宇焕然一新，故游雁荡者多于此下榻焉。

寺后有小龙湫，水自石城诸溪涧来会于屏霞障右胁，从岩溜中飞流而下。高视大龙湫之半，约三千尺，而谷之广亦只三之一。泉直泻下，其半沿崖，不能如大龙湫之飞舞作态，是其大小之别也。介于屏霞障、天柱峰之间者为龙鼻水。龙鼻之穴，从罅直上，略似灵峰洞而小。穴内石色俱黄紫，独罅口石纹一缕，青绀润泽，绝类龙爪。自顶贯入洞底，垂下一端如鼻，鼻端可容指。水自内滴下注石盆。寺僧为言，此水积冬夏旱涝不爽，而不知所自来。游人多掬以洗眼，谓可去翳疾云。

屏霞障下有蒋叔南别墅，曰屏霞庐，内有仰高楼、屏霞池、精舍三楹，一尘不染。海内闻人如梁启超、庄蕴宽、邵章、姚华辈均有题字。登楼望左右诸峰，则双鸾之翔舞，蟾蜍之昂跃，绀珠之圆朗，卓笔之秀锐，王女之婵娟，独秀之孤奇，俱瘦削崚嶒，以与天柱之孤圆庞厚相对峙，可谓相得益彰矣。庐旁为安禅谷，由此西南行，云霞绣错，杉桧蔚苍，嵚奇之径，卓荦之境，疑非人世。无何，抵大龙湫谷口，有奇峰屹立涧中，高数百丈，初见如人俯势，又如大楹直竖，行二百步许，更作两股相倚，名

天柱峰 邵度 摄

（原载《良友》一九三六年第一百二十三期）

铁城嶂下 邵度 摄

（原载《良友》一九三六年第一百二十三期）

剪刀峰。再数百步，正视如树大屏风，又名一帆，至谷内回视，则如直圭，又名天柱，凌擎孤兀，是峰之最奇者。尝忆袁枚《咏剪刀峰》诗云："远望双峰截紫霓，尖叉棱角有高低；倘非山里藏刀尺，那得秋云片片齐。"又钱宾王诗云："百二峰形各不同，此峰变态更无穷；岂将惑乱迷人目，直欲腾那造化工。才睹双峰开燕尾，俄看独幅挂秋风；略经转侧仍乌有，惟有孤标倚碧空。"盖记实也。

同人初至剪刀峰下，即闻有大声起壑底，四顾不知其倪。逼近之，则一飞瀑从绝顶石壁而下，即是大龙湫。瀑高五千尺，不附石，自空中飞下，如湿烟寒雨，大者如珠，细者如雾。日光映射，五彩焕发。或徐飞林杪，或直注潭中，或蜿蜒飘曳，或风阁之而不下，或如凄风骤雨，或忽不见，变为寒气袭人，而人在其中不省也。顷刻之间，变幻万千，几如神龙夭矫，莫测其端。宜乎康南海之以"白龙飞下"题壁也。昔人谓洞之胜至灵峰而止，峰之胜至灵岩而止，吾谓瀑之胜至龙湫而止矣。面瀑为诺讵那观瀑台，今已圮。尊者从西域来，观瀑悟道坐化，为兹山开山之始。去秋浙省民政厅厅长吕苾筹游大龙湫，捐廉五百金建亭，为游人观瀑之所。有司舍正面之观瀑台旧址，而别卜地于瀑之最右端，距瀑数十武之遥。吾知落成登亭，不复窥瀑之全豹，观瀑云何哉？未免大煞风景矣。

大龙湫之西南五里，有能仁寺。寺在丹芳岭下，宋咸平二年，僧全了建，名常云院。四年，寺僧进百宝塔，赐名承天寺。政和七年，以禁中有承天寺，改能仁寺，寺侧旷野有铁镬一只，重二万七千斤，乃宋时物，可饭千僧。意当年梵宫鼎丽，游屐必多，抚今思昔，不能无铜驼荆棘之感也。寺僧为余指点千佛岩、百冈尖、火焰峰、将军岩历历在目，而将军岩挺立山阿，曲臂挂两胁，宛似武士铠甲戎装，尤为奇绝。寺之左，有水自西龙门落于龙潭，高十余丈，门下石壁有空洞，半从洞中下，分如燕尾，是曰燕尾瀑，潭水清涟，如玻璃承露，雁山之泉，无不皆然，与他山水之拖蓝凝碧，浮白摇青者迥异。以水从石出，无泥渣混浊故也。

是夜宿能仁寺。次晨从筋竹涧上丹芳岭，旧传筋竹涧，谢灵运开山至此，山水有缘，显晦有候，岂畚钟之所得取哉？岭峻绝，四十九盘，一盘一胜，回望百二奇峰，如郭子仪军偃旗息鼓，而战槊棱棱，俱有欲起之意。自此取道小芙蓉村归，比抵乐城，已万家灯火矣！

二十二年十二月

刘孔钧，生卒年不详，字复中，浙江永嘉人。系永嘉新学会会员。曾任温州中国银行会计主任，编译《国际金融市场》。本文原载《中行生活》一九三四年第二十八期。

雁荡山游记

邓春澍

雁荡为天下名山之一，处于瓯越之隩，黄岩、乐清县境。高不及天台，而峰洞岩壑之瑰奇怪伟，倍蓰过之。余向往已久，而友人杨子中复亦有游癖，尝只身游岱恒、五台、上方、云冈诸山者。正拟作天台雁荡游，与语大悦。新秋十九，会于沪。念一日乘新宝华轮，东南出舟山群岛，风平浪静。念二过石浦，已星火满山。口占一律示杨子云："台宕清游兴不穷，飚轮破浪趁长风。纵观群岛朝烟绿，笑指轻帆夕照红。定海遥通石浦北，穿山直达岙门东。此行却喜秋光好，大可登临与尔同。"

念三日拂晓，抵台属之海门，登岸即买叶舟南行。去大溪可九十里，风景殊佳，并卧篷底，水色山光，饱看竟日，晚宿大溪饭店。

念四日破晓，乘竹兜西南行，乱山重垒，越岭溯溪，谷转峰回，云烟开阖，三十里向午，抵大荆镇。大荆为雁山门户，山人蒋叔南工文翰健游，复以家山之胜，地局深广，景物森罗，万状千形，游者莫能穷究，乃于十年来，凡一水一石，一峰一洞，悉躬历其境，于最胜处，摄影制图，数逾百幅，并重订《雁山新便览》一卷、《雁荡山新全图》一纸，俾便后之游者，且渐于旧寺圮者葺之，荒者辟之，而乐游者，亦日益多矣。余乃访之，目余为司志，恨相见晚，出新志图相商榷，余急欲入山探胜辞焉。北行不二里，经石门潭，石崖夹水为门。潭水清妍浩淼，作云蓝色，无寸土尺荇。门以上流，转山再折，而不见其源。余一登竹筏，荡漾中流，回望远屋平畴，四山青碧，已乐甚。三里登石梁洞，洞门东向。去年屈映光新镌“石虹洞”三大字，殊弄巧矣。门口一梁自顶斜插于地，可十余丈。下辟一池，梁顶有光，倒映作半月形。洞内可容千人，诚一奇境也。洞上三里，西行上谢公岭。而所谓老僧岩，仅遥观其背。岭为东谷分内外，下岭右折沿溪，陡现峻壁削峰。重岩怪石，突兀瑰异。高各百仞或数百仞，奇幻诡怪，不能殚述。逾洞上拾二百余级，入北斗洞。道者理性出迎，即导指一一。面即锦鸡、伏牛、灵芝、金童、玉女诸峰，左即侍郎岩、听泉峰、响板石、大朴头，右为合掌、双笋、犀牛、五老、斗鸡、砺齿、象牙诸峰。下即灵峰寺旧址，俯照胆潭。过第一亭。建未五年，而瓦已半为山风吹去。果盒桥即跨鸣玉涧。涧北即超云、天冠、托砚诸峰，皆峻伟壁立百仞，与连云嶂、凌霞峰相对峙。天冠峰下有洞曰响板。洞深广亦十丈，无佛字，仅二三苦民，盖茅栖止，游人裹足矣。合掌峰，原名灵峰洞，中豁如掌缝，侧有隙可入。洞中历磴约四百级，直至窝顶。上有殿祀诸像及大士，犹结三重楼阁。有泉曰漱泉，有池曰洗心。春时仅此香火称盛云。

出洞左折，倚崖结屋，曰南碧霄洞。负倚天嶂，隔涧对山崖半，有北碧霄洞，则败屋倾圮，寂然无人处。洞上为玉笋、犀牛、五老诸峰也。日已暮，回北斗洞。洞背南面北，深数十丈，崇楼四层。晚宿闻彻夜雨声，滴沥不成寐，起视则残月朦胧，岩石四合。迨曙，始知所闻实泉溜也。

念五日晨，出洞左折，缘鸣玉涧之上流西行。碧霄峰特立孤峙，高插天半。过千佛净瓶峰麓，不一里拾二三百级。上登将军洞，而平视碧霄之侧，已成大小戏狮之峰。腹下亦有洞曰碧霄院云。雁山之峰，移步换形，信然。将军洞深广亦十余丈，仅居木工二三，无香火。所称将军者，仰视洞顶石洞，有形肖武将，故名。洞壁有泉一泓，询之无名，余命曰仙履。山人请书以志之，以示后来焉。因思西湖钱塘之胜，游者每称深处洞壑之奇，然不及雁山百一。使雁山分一洞一峰于西湖之上，必称奇志异，脍炙人口，咏叹于无穷也。下复西行，回眺峰侧，如闭口老虎、背面观音、朝天鲤、回头凤，真能酷肖其形者。越涧履石，又三里，真际寺在望。所谓三贤峰，即卓刀、大笔、玉笋，而骈列之。接以五马同槽，极形壮阔。西入为北坑，可登大岭。南行进南阁，达石门，及乌岩之背。余未深入，但见峦翠四合，岩阿深碧，空山无人，翛然有出尘之想矣。小憩真际寺，十时循涧而返。涧石之巨者有数抱，细者磷磷，水清鱼活泼，趺坐久之，道者曰："游人至此者绝鲜。盖游灵峰后，莫不急去灵岩龙湫也。"回北斗洞午膳，道人请书"听泉峰"额，并赠叔南联曰："名闻鹫岭三千界；功在雁山百二峰。"赠春阳联曰："奇峰拔地闲云绕；古洞凌霄法雨飞。"别灵峰，沿连云嶂，度溪折南。过响岭头桥，仰朝阳洞、大夫岩、水帘崖、凌云阁。五里而抵吉星桥，一路左俯涧而右仰壁。导者一一指而名之，目不暇给矣。吉星桥畔老猴披衣峰，则形尤肖，过桥即净名寺，主僧玉川新自天台来。寺后有蓼花嶂、铁城障、龙头岩、金鼎、蝙蝠、玉杵、石燕诸峰，皆不及登陟。出寺折南沿翠微障，过响岩门。下有潭，以石言岩，响应山谷。仰云霞嶂，石色绀碧成云锦，亦有洞。洞顶有飞泉如霰，又曰飞雪岩。前行二里，达灵岩谷口矣。夫灵岩为全山奥奇之府，昔人以为山之明堂。形胜独擅，盖入谷左右有钟鼓二岩。左折逾卧龙溪，有木鱼峰，大小展旗峰，雄阔迨百丈。而右为天柱峰，峻直圆高，迨七十丈，四无依傍。灵岩寺南向，高踞其中，背负屏霞嶂。而安禅谷、龙鼻洞、小龙湫，以及独秀、卓笔、卷图、双鸾、大狮、象鼻诸峰，更居其右。寺外苍松数百株，寺后筼筜万竿，诚绝胜之境也。寺久废。十年前，蒋叔南以二百元赎诸山民，更招僧澹如主之。方事兴建客室，其徒醒槐文秀好学，导余周历，更登屏霞庐。庐为叔南所建，祀以先人像，并读书奉母之别业也。山僧知余善书画，晚乞书数联，余以游人之得有此憩息之所，亦蒋氏之功。复为书一联曰："乐大地游客；为名山主人。"饷本山芋而寝。

念六日拂晓，中复急欲探雁湖。别灵岩，一路仰小剪刀、铁板、朴头、观音、五指、狸鼠诸峰，而逾马鞍岭。入西内谷，岭高二里，等谢公。方事修筑，下马鞍，过石城、化城诸障，跨大锦溪，绕瑞鹿峰，十里登芙蓉岭。俯视群峰攒簇，瀑云西流，入西外谷，又四里过石门村而雨至。乃折入内谷，投罗汉寺。寺创建最早，今亦圮败。仅一僧前年来，门前有宋桥，建于淳祐戊申也。饭后束衣易草履，杖策冒风雨，由寺右越华岩岭，涉大锦溪而观大龙湫。溪滑水流，风狂石立，而境益幽邃。三里入谷底，抵大剪峰。分开千仞，欲剪青天。遥望又似石帆，折入嶂壁。仰见有烟，冉冉腾出，盖即湫瀑也。峰回路转，而瀑泉惟一之龙湫始见。飞沫湿衣，寒气薄骨，盖湫瀑自连云嶂直下。喷沫飘洒，如雾里倾灰倒盐，中段搅扰，似风缠舞雪，欲下复扬。崖壁宏豁环抱，壁底洼进，为一大穴，瀑注成潭，四面悬空，故天矫若游龙流星，飞舞空际也。溪南昔有石亭，不数年已圮，即诺讵那尊者坐化处之看不足亭遗址也。小立片时，崖势即雄暗，凛乎其不能久留，乃越溪度岭而返，衣履尽湿。偶忆去年五月游匡

雁荡　王文魁 摄（原载《中华》一九三三年第二十四期）

庐，念三日云雨中登含鄱岭。十五里下栖贤谷，以是日为先君之忌，曾口占一诗，有"未博功名负厚望，浪游山水托清标。流泉也似鸣声咽，列壑于兹爽气消。行到栖贤香先爇，为亲祈福止僧寮"之句。而今日又痛为先母之亡忌，未克家祭，有"即今慈母游仙日，又是孤儿陟岭时"一律以志痛焉。

念七日晓日微吐，东行半里，经卧龙峰，渡小锦溪，三里游能仁寺，寺亦荒寂无僧徒。观宋大镬，逾千斤，惜投诸田菜。仰望戴辰、火焰，两峰对峙，为东口斤竹涧入山大岭也。寺北面对燕尾瀑，盖大小锦溪，合流至是。两石岈然如门，曰龙潭门。忽低落二三丈，瀑分两面，下潴成潭，曰霞映。水渟静如凝靛，初日照之尤丽，合戴辰峰下之水，南出芙蓉村，而入海者也。余复绕道坐瀑背久之，折中灵岩村，正见常云、玉霄、莲台诸峰，高列云表。返寺后，风雨复横，震撼屋谷，赋诗数首，有云："拔木撼山风势雄，梦魂摇落东崖东。穹明雁荡纵难到，肯负僧房两宿中。"

念八日风雨如昨，连得灵岩蒋季哲来两函，并送酒一瓶，宣纸一束。盖季哲为叔南介弟，曾出仕有年，知余来雁，特入山款陪，并携鸡蛋火肉，以资佐餐，新辑《山志》，乞余鉴正。不虞追抵灵岩，而余已深入，故送酒御寒，并请为古刹留翰墨。更为指游南北阁途径，介山中人供膳宿，至可感矣。即为寺僧写松石一幅，书联一，饮酒赋诗。乘兴拉中复雨中登桐岭，俯西谷群峰，灯下为季哲绘山中风景，并题一绝焉。

念九日风雨如昨，中复已偃旗卧不欲起，余日前憾山中虽多大涧，而溪流小之。至是乃着山农簑笠，一人出寺，观左右诸山，湿云西飞，群流弃泻，涧水涨溢，仍沿锦溪，石滑径没，流急声壮，乃赤足践三巨涧。再观燕尾瀑，则奔雷喷雪，而争出龙门，声震山谷，无异庐山之玉渊、鹿洞之贯道溪也，天之贻我多矣。拟再溯大锦溪以观龙湫，山民言水大不宜往，乃返寺。僧徒固失笑，余手足亦失温度矣。

雁荡　王文魁 摄（原载《中华》一九三三年第二十四期）

三十日，湿云不散，风转西南，急探雁湖及外谷之胜。挟僧益安为导。裹粮蹑屩，再逾东岭涉三涧。遇双穴、石笋二峰。石行廊崖半仰红岩洞，越大溪，历天王鹰嘴、合翠、凌云、香炉、宝冠诸峰。而含珠峰孤插道左，高五十丈，中分裂而为二，自顶至腰，仅离逾尺，中含一圆石如珠，尤奇绝。北入石峡门，至梅雨潭，巨石荦确，崇峦屼嵲，而飞瀑自绝壁下，雪飘练曳，亚于龙湫，然较泰山之御帐坪又过之。履石溅流，上窥骆驼洞，苔滑沙流，乱泉走足底。出而再西里许，境益幽邃，径削涧曲，石崖回合，磴道俱绝，一洞高悬，即明亮洞，又曰蕉洞。石梁横空，上视，斜罅一穴及丈。天光下漏，飞瀑如霰，洞左有木工居之，窍讶山深居此，其生活何持。板壁上见无锡侯葆三于九年八月独游到此，题二十字曰："屋高藏寺古，洞奥挂泉清。此地真奇绝，龙鸣日夜声。"而叔南于辛酉仲春来此，曾依韵和之。余亦叠韵而次焉曰："策杖探奇胜，石梁岚气清。千秋此洞古，满耳乱泉声。"盖左即龙潭大瀑，飞流出洞。乃履巉石，披榛莽，始见豁崖深奥处，飞流奔夺而下，喷珠飞沫，拂面阴森，大逾龙湫，惜是境游者绝少。时已向午，乃由洞侧樵径，始登雁山，数百步一小憩，中复奋勇居先，草丰径窄，逾数岭将半。而西南群峰累累，以千计，攒青、竞碧、含珠、梯云、玉台、将军诸峰，皆若培塿地笋。瓯海入望，玉环群岛，大小蓉村，可指数。梅雨龙瀑之崖背，皆在履下而涧壑视之矣。十里跻巅，四脊隐隐隆起，南北横贯，忽衍平广，细草蒙茸，青青弥望，盖即荡也。践之有水没履，荡上中下三湖，而每荡宽皆三十亩，荡外足底皆伏流。昔徐霞客所称东峰，即百冈尖，犹高出与常云相属，雁山之巅，固鲜奇石峭崖，然雄伟博大，诸峰皆儿孙矣。荡中有叠巨石为屋，数百年物，昔有道者，修炼居之。今则苔渍浸寒，不可一日处，余题名而出。时已三时，饮食告绝。俯觅东径而下，崒嵂不成径，土滑间以石砾，頗陟颠危。惟俯视谷内群峰，瞭若列眉。芙蓉峰，于过东岭时，尚高倚云

专题

表，兹俯不及山腹耳。逾雷洞岩、大狮岩、连霄岭，而抵石门村。日已西下，中复足力告疲。迨余再越岭，先返寺饱饭，易衣履。逾时中复归，始叹健步耐劳之不如余也。以一雨四日，倘游南北閤后，恐无余勇可登天台，乃作出山计。

八月初一，别罗汉寺，逾鞍岭。饭于灵岩，为僧写诺讵那尊者。观龙湫堂幅，而探寺右大展旗峰后之天聪洞，有径极峻，至不可着足。磴级尽处，石阈限之。俯阈而窥，洞内空明，深莫能测。外有二孔，如犄角，侧一长孔。光自穴入，故甚明。僧知挽留不克，命舆送护出山。十里过谢公岭，五里过老僧岩。近观之，又分为二僧。过章义楼，渡蒲溪，即石门潭下流。山人载物多乘竹筏，薄暮抵大荆，入南门蒋季哲家，叔南亦相陪。席间黄鱼、鲥鱼、虾蟹杂进，盖滨海故也。询余山中所历诸胜，云尚未及半耳。余以拟作天台游，而季哲明日亦入都。灯下按其所辑雁山新志稿，可十厚册，已改革纠正，共分四谷，较前《广雁山志》，尤详确焉。去春康南海偕傅沅叔来游，为制序文，称雁山为中外第一山，以其峰洞岩瀑，众而且聚故也。

初二晨。三舆出大荆，三十里易舟，五十里宿芦桥。

初三，抵海门。季哲别去。余复作天台游焉，另有记。

邓春澍（一八八四—一九五四），原名澍，号青城、一号石圣，又号五百石印富翁，更戏以“邓峦”或“邓鸾”自号。江苏武进人。民国时期为常州地区画坛领袖，以诗、书、画、印闻世，斋名四韵堂。著有《四韵堂印存》《两宜室随笔》《青城画萃》《青城石谱》《胜游图韵》等。本文原载《金钢钻月刊》一九三四年第一卷第九期。

浙游漫记：雁荡山

吴似兰

廿二年冬十一月，余与朱铸禹、潘敏之，议作天台之游，邀郁子韵笙为伴。郁君富旅行经验，余等每次游历，屡有借助。复以天台山国清寺住持为可兴上人，上人尝主苏州灵鹫寺，与余素稔，适上人以事居苏，乃约其同行。是月二十五日晨，乘火车至沪渎，遇故人沈寿鹏君，亦欣然加入。下午四时，驱车至南市大达码头，登台州轮，余等辟超等舱三间，行李安置既毕，凭舷远眺，时上船旅客，络绎不绝，声音嘈杂，加以煤灰扑鼻，空气污浊不堪，余等遂避居室中。四时半，鸣锣起椗，精神稍振，五时出吴淞，天色渐暗，望废垒不可见，怅然返舱。十二时，始安然入梦。

二十六日晨五时，汽笛连声，推篷起视，船已傍浙属定海。定海一名舟山，余今夏游普陀时，曾就餐于此，朱、沈二君登岸闲步，余与潘君散步船埠附近，八时再开，沿途岛屿罗列，有被水浮冲成大穴，或中断若斧劈者，遥望水天相接处，黑色点点，皆捕鱼之舟。十二时五十分，抵石浦，半山筑土城，店铺以鱼肆为多，腥臭之气，中人欲呕，有江心寺，供奉观音。一时二十分，船复启程，历四小时，始抵海门，港口两山围抱。南曰枫山，有塔耸峙，北名东山，若蟹螯相对，亦门户也。船泊港中，须经检查，方能傍埠，来查者为一军官，率士弁多人，至余等舱中，悉系苏州人，不加检查而去。八时半，船停三号码头，登岸，众饥甚，过一菜肆，曰四时春，在民族街，遂餐焉。既饱，询宿处，知浙江旅社尚清净，乃步行而往，街衢宽广，均用大石板铺砌，市廛栉比，商业尚盛，既达目的地，疲惫不堪，匆匆入眠。

廿七日六时早餐，七时十分出发，在安川路车站候汽车。见乡人延羽士礼斗，怪状百出，余出袖珍影戏相摄，得数十尺。至四十八分，汽车疾驰而至，即登该车至路桥，换汽油船，至木市，经泽国，出官塘桥，居民以山芋粉作面，推销各地，木市多碗窑。十时唤小舟，经潘郎镇，米市尚盛。下午一时，达大溪登岸，乘篮舆入山，一路苍松交柯，极目皆是，一二红枫，出没树梢，目光照射其上，色鲜如洗，惜余寡文，否则不知有若干诗料入我奚囊。二时十五分，停轿稍息，既而登倭门岭，高约十里，石级尚平坦，山上麦田颇多，幼松遍植，稍长即伐作燃料。北望华古山，明洪武用兵之地。三时二十分，达靠天淀，与人云，山雨将来，则涧中先有泉涌出。四时半，过大荆镇，略进点膳，复前有大滩，广约百亩，中有板桥，四周皆崇山峻岭，时天色垂暮，越谢公岭，山势转陡，怪岩左右突出，若恶魔之欲吞噬者。七时抵灵岩寺，卸担投宿，老僧和蔼可亲，合十肃客，余等既坐定，急命治膳。餐毕，余兴跃跃，与沈、朱二子，合作画轴，九时乃寝。

廿八日六时半起，以昨日到寺已昏黑不可见。早餐毕，与诸子出望山景，寺居群岩之中，东有灵岩峰，西曰天柱峰，均壁立千仞，从根拔起，真若擎天一柱。寺后群山拱列若椅背，寺屋为谛闲法师募建。余探囊出小镜箱，摄影若干帧。八时乘舆出游，经木鱼峰及天屏，下有纱帽，西有剪刀、五指、老人峰，多以形取名。复前，有观音峰，耸入云际。下有大石，若童子参拜，由此直达雁荡之顶，平坦有池，即所谓雁荡也。下为四方洞，左有关刀洞。更前，石鼠石猫，分峙左右，有蛇形峰，壁立路侧，越马鞍岭，南眺罗汉峰，既下，过碧蒲浪镬形潭。至能仁寺观瀑，瀑高十数丈，春夏从两石隙流下，曰燕尾瀑，至秋冬合而为一，故曰马尾瀑。寺左有一大铁锅，径约十余尺，宋代物也。十一时绕罗汉峰至罗汉寺午餐，再由此经华岩岭，过大剪峰、牛头峰。至大龙湫，瀑布匹练悬空，上端突出，吾人攀登泉后，前后不望见，亦奇景也。其右有小泉滴沥而下，曰珍珠泉。二时返灵岩，游寺后，仰视笔峰及一手峰，登壁见龙鼻泉，后曰小龙湫。东有蒋氏所建之屏霞庐，登仰高楼，折东至天窗洞，峻险万状，汗流遍体矣。

二十九日晨时，乘舆出发，沿锡杖顶峰南行，过蓬峰，有石曰两仙操琴，鲤鱼听音，或云老人听琴。稍息复进，道左有三星洞，东曰虎口洞，老猴石，更有将军抱印及凤凰峰。经灵峰第一桥，有朝阳洞烛峰。远望老僧撞钟峰，俗称接客僧，形状酷肖。左有东石梁，石梁洞中，见屋十数幢，洞顶有鱼化龙。十时返经谢公岭，其上有亭，断碑横卧，文曰天根月窟。由此下趋，折西过坦塘岩，跨果匣桥，此桥久圮。至民国元年重建，前望狮虎岩，如猛兽蹲踞，至灵峰第一亭，达观音洞，拾级而登，洞中建楼房九层，洞口两峰合掌，曰合掌峰。洞内容积之大，前所未见，最上层石壁塑造佛像千尊，中奉慈航，左有刘允昇之像。据云为洞中建屋之祖，明嘉靖时，里人勒石于此，纪载甚详。时已午刻，即餐于寺中，有王梦楼联曰："柳阴分绿笼琴岳；花片飞红点研池。"寺左曰蓼花岩，右金顶峰，下曰挂锡谷，西为鹰嘴峰，东曰铁城障。水帘洞之上，有维摩洞，洞中泉声汩汩。三时至北斗洞天，内居道家，中厢楼三层，下层曰海会楼，上曰集贤阁，更上曰三宝宫。洞内悬我邑张仲仁先生联，联句清逸动人，曰："满地落花人独立；数声清磬鹤归来。"游毕返观音洞晚餐。餐毕，与沈、朱作画赠寺僧。九时半，拂榻就眠。

三十日七时即起，共议作归计，于是由谢公岭、维摩岭、倭马岭而达大溪，此路较来时为短，有汽船在彼等候，为余等先期以电话预雇者。十二时十分，鼓疾轮驶，途中与诸子笑语甚乐，顿忘风尘之劳。二时半即达海门，在四时春进餐，仍投宿浙江旅社。晚间沐浴薙发，如释重负。

十二月一日，十时半出旅社，由东岳路经城隍路，及东门巷，登东山书院，院踞东山之巅，形势绝胜，上观海亭，纵目四览，东则海天相接，南有枫山环绕，清旷无比。东山书院为富绅黄楚卿所建，院中花木树石，布置井然，今则改为私立中学。下山东转，有一古关，再下名外沙，南有外洞，中居比丘尼，前进为承天寺，即中洞，一名金沙洞，洞甚深邃，供观音像，时已近午，乃聚餐偕返逆旅。下午五时，拟往船埠候轮往台州，未至，遥见黑烟上腾，则船已于十分钟前离埠而去，乃败兴而返。至海门旅社，寄宿一宵。

吴似兰(一九〇八—一九六四)，名华馨，字绿野，又字庆生。江苏吴县（今苏州）人。受业于颜文樑等。工画，兼善摄影。尝组织娑罗花馆画社，提倡美术。曾任苏州美专国画教授兼校董。本文原载《艺浪》一九三四年第二卷第一期。

雁宕游记

潘博山

四月七日清晨，乘舆入雁荡山，发自山农宅前村。五里过白溪镇，负担肩摩，虽海隅穷乡，喧闹不减城市。逾镇，遥望朵朵芙蓉，削出层霄，知为雁山也。云生峰巅，映日流辉，如九天玄女，轻裾蔽面，不肯轻露玉容，俄而云开日出，晓妆春酣，令人目迷神眩。渡浅涧，越山趾，奇峰环抱，一瀑三折，无石门之雄，而岩崖深邃，幽秀有加。不数里，已至净名寺矣。诸峰林立，如莲房，如金鼎，如蝙蝠，如游龙，润若玉杵，翩若惊燕，岂山灵有知，纷来呈异耶？铁城障连天拔地，石色苍黑，碧藓滋生。同游王季迁欲为写照，携之以归，商笔法于余，余曰：唯有用郭熙鬼面皴，可以下笔耳。水帘洞居嶂之麓，泉声琤琮，金铁齐鸣，上有飞瀑，飘飘如玉屑，曰白玉烟，时方渴饮，张口承受，仿佛绝巘得甘露，不觉流沫之濡衣襟也。经梅桩岩，入维摩洞，洞幽深，静如太古，当年维摩示疾，其于斯乎？折回净名寺，茗饮。五里入灵岩寺，寺藏群峰中，左为展旗峰，连云障日；右为天柱峰，孤耸入云。天柱高不可仰，自下望之，颈骨欲折，若移仙都鼎湖峰于其侧，则鼎湖为童子峰矣。峰腰野斛丛生，山民身系巨索，由峰巅下缒采之，惊为绝艺。午后，转至寺背，一径登山，奇峰拔起，不黏寸土。展旗、天柱以外，有对舞如双鸾者，有窈窕若玉女者，复有所谓卷图也，卓笔也，独秀也，重楼也，僧拜石也，瑰奇玮丽，各极其妙，雁荡之奇，真天造地设，无往而非绝境矣。自右折入，闻水声怒吼，知是小龙湫。抵岩下，仰望匹练倒悬，气如白虹，激荡岩泉，喷薄林木，虽百川奔海，未足以喻其声也。至龙鼻洞，旧有灵石下垂如龙鼻，后为伧父击去，仅留清流点滴，即龙鼻水也。洞甚高，宽二丈许，壁有唐包举、宋沈括等题名。东下至蒋叔南先生屏霞庐，门对青山，坐依锦嶂，啸卧其中，直是仙境。复经展旗峰麓，寻天聪洞，石磴峻狭，仅容半足，呼童飞挽而上。洞中有限若阀，光自下生，俯瞰光所从来，则二孔如目，一孔如口，此洞其耳窍也，谓之天聪，谁曰不宜？仍由童翼持而下，宿于灵岩寺，寤寐中，似仍在铁城天柱间也。

八日晨起，坐佛宫下阶，看屏霞嶂，烂若锦屏，峰腰浅绛，如涂丹垩，两胁苍翠，若染螺黛，一五色文石也，点缀之妙，造化岂出诸有意乎！叔南定今日揽胜西谷，出寺，一步一回首，依依不忍别去。沿涧行，途中多奇景，舆人且行且指谓余曰：某为五子峰，某为玉屏峰，某为巾子峰，某为鹰嘴峰，窈而深者称乌洞坑，缭而曲者即卧龙溪，皆不足奇，所奇者，观音峰耳。一峰摈天，如云中大士，背倚莲座，七宝玲珑，庄严色相，妙在天成。越马鞍岭，原隰龙鳞，约四五里，滩流转急，山趾回合，舆前忽露双尖，则抵剪刀峰下矣。峰对大龙湫，瀑声如海啸，如山崩，近而观之，则天半玉龙，掉头捽尾，倒挂澄潭，徘徊良久，觉其势大过于石门洞、小龙湫也。度东岭，竹树交加，经罗汉岩，小桥流水，屋舍毗连，盖上垟村也。前为上马石村，村人胡君仲侯，为叔南故交，因饭于其家。蔡君旅屏自芙蓉村来，一见如故，相约同游。下午至梯云谷，谷距村二里许，至谷口，山径折入石罅中，扪壁而上，约百余级，呀然洞开，如辟门阖，中有瀑，亦三折，下注澄潭，水花四溅，此梯云瀑也。出谷游西石梁洞，洞亦以瀑胜，其水自雁湖分流，故势亦不弱，瀑附于崖，崖足有洼，洼下则为潭，水注洼中，复怒腾而出，入于潭中，石根错落，与水相砰击，遂成奇观。登山观石梁，则逊于南明所见。经衔珠峰，翠峦中分，相离尺许，中衔圆石如珠，寄语山灵，善为守之，勿使骊龙一朝摄去也。入天柱门，两岩对峙，若排阙，其间紫崖陡削，瀑悬崖直下，高数百尺，轻洒飘忽，微风荡之，阵阵若细雨，崖石白痕点点，恰似熟梅时节，着雨生菌，亦奇观也。登明扬洞小憩，披襟当风，潇然自适；忽闻水声出谷间，寻声求之，盖又一瀑布也。下半为绝壁遮断，意欲攀崖而过，舆人以日将夕，促登舆，不得已，下山，投宿能仁寺中。

九日晨，发能仁寺，观燕尾瀑，瀑分两歧，高不逾十丈，余已历见大龙湫、西石梁等诸瀑，此又不足挂我眼角矣。转至寺侧，见榛莽中横卧一铁镬，直径丈余，寺僧云："重二万余斤，内刻宋元祐七年壬申十一月清信弟子刘及陈十娘等造，共百余字，自元祐迄今，已将千载。"因语叔南，古物流传，于今日少，弃掷田野间，易为风雨驳蚀，盍移置寺中乎！叔南唯唯。渡行春桥东南行，陂陀荦确，荆棘丛生，蒙笼幂罹，如无人径，深厉浅揭，涉溪凡八，至经行峡，其间崖石撑柱，峰峦环合，水喷薄其下，锵金言玉。石为水浸，足不能驻，虽欲前进，不可得矣，端坐石上，俯睨澄潭，膏渟黛蓄，仰视长空，云物鲜华，游尘飞埃，望而却反，相传此地多怪异，游人往往失所。噫！是岂群真往来，百神栖止之所，不许凡夫俗子，上叩阊阖耶？抑山魅灵怪，为厉为暴耶？出西内谷，越东岭马鞍岭，而至龙王洞。洞有庙，祀山灵，其上石磴陡绝，约千余级，乃至仰天窝，亦叔南别墅也。阶下清水一泓，仿佛吾乡天池，绝巘有此清泉，岂非异事？余戏谓叔南曰，前日过君屏霞庐，庐据灵岩之胜，与群灵相揖让，深讶丹基福地，为君占有，今登仰天窝，上接天庭，俯视群灵，直成天宇，岂复尘境，君既有此两地，以遨以游，以为汤沐邑，不已仙乎？何必佩五岳图，遐搜远讨耶？叔南笑而不言。午后下山，经朝天鲤，听琴石，而至响岩，岩有石，击之如雷鼓，盖空谷传声也。岩前有华章洞，洞石烂若彩云，柯岩斜倚洞口，自下望之，若天半明霞，掩映霜柯。洞中泉出如飞霰，曰雪花天。小憩登舆，经谢公岭趾，登果匣桥，奇峰环列，有若砺齿，有若斗鸡，有若芝草生山脊，有若骈笋茁空谷，盖灵峰是也。灵岩诸峰，皆拔地而起，不着寸土，灵峰则冈峦起伏，奇峰排列其上，同一灵也，而蹊径各自不同，造化之妙，真令人不可思议矣。入观音洞，两崖合掌，缘壁直上，石磴四五百级，层楼六叠，最上为台，供养圣像，皆琢石而成，仰视穹穹周覆，轩宇高爽，凭槛俯瞰，群峰皆在其下。左壁有洗心泉，清莹满谷，瀹茗小坐，日将下矣，至北斗洞，洞中楼阁爽恺，遂投宿焉。黄任之先生适自天台来，相见欢然。夜，乐清县长张君叔梅设宴北斗洞中。

十日，夜雨达晓，白云蓬蓬冒山起，时而盘旋峰腰，时而灭顶及趾，穿漏荡摩，顷刻万状，云因山奇，亦伟观也。冒雨游山，登将军洞，洞深处有石叠出如将军状，故名。望大小戏狮峰，宛在雨中腾跃，下为孔雀岩，亦肖。舁行三里许，看五马会槽，或俯或仰，或贴其耳，或扬其鬣，

剪刀峰 沈振黄 卫琛甫（原载《东方杂志》一九三五年
第三十二卷第十三期）

天马耶？烟峦耶？雨色冥濛中，非有离朱之明，不能辨也。风雨如晦，衣履尽湿，乘舆赴苦竹洞，洞对五老峰，为湿云遮断，咫尺不见，疑老人不耐春寒，埋首絮被中，不敢一露面目也。旁为玉笋峰，矗立云表，雨洗烟润，更觉玉莹明净。洞之左供云仙羽士像，羽士俗姓王，潞桥施姑庄人，好游名山，来雁荡，爱此地岩壑之奇，遂依丁道人为师而栖止焉。笃志道学，厌弃尘嚣，客夏旱魃为灾，羽士祷雨大龙湫，祷毕，跃入潭中，年才二十耳，翌日大雨滂沱，田禾皆起。越六日，其尸浮出，面色如生，是亦地灵人杰，合与名山同不朽矣。饭后，游南碧霄洞、响板洞。南碧霄洞有隋开皇二年九月太守夏启伯题名，所见雁山题名，未有先于此者。回寓北斗洞。傍晚，雨霁云开，如浪文水势，络绎四散，万峰新濯，苍翠欲滴，为之狂喜。

十一日清晨，滩声转急，起视，依然大雨滂沱。今日拟游南阁，先到东外谷，度谢公岭，入东石梁洞，洞深且宏，高阁回廊，突出洞外，上有石梁，穹若偃虹，蜿蜒洞口，差胜于西石梁也。遥望云雾中有老僧伛偻，若迟而速客者，所谓接客僧是。行十五里，经卓屿村，又十五里，至明吴恭毅公墓，墓前有会仙峰，上浮云气，疑有仙人停骖其间。转入硖头村，饭于村农章君家。下午游散水岩，竹林蓊翳，绿云深处，紫崖拔起数千尺，瀑自崖端垂下，直捣潭中，明珠倾泻，颗颗精圆，恨无火浣作囊，收拾此至宝，以换取名姝耳。距散水岩三里许，有狮子洞，高入云中，山路险峻，攀缘半晌，得抵洞口，洞亦幽深，有阁翼然。凭槛望南阁诸山，到处白龙掀簸。盖大雨之后，山水奔涌，绝壑倾流，皆成瀑布也。仍经硖头村，问龙溜道。龙溜为南阁胜迹，其水自湖南中潭来，经平坡，石为水陷，屈曲十余折，泉经其中，蜿若游龙，下流为石阖所阻，水不得逞，逆流而上，其势益猛，投以巨石，石一跃过之，奇观也。上寻湖南潭，陂陀为雨所润，滑澀难着足，由舆人翼而登，一步一跛，自视股慄，作气直前，卒抵潭下。湖南凡三潭，上潭石壁秀削，中间洼下，瀑出其间，虽不甚高，宽阔则驾龙湫而上之。中潭之泉，下泻成龙溜，溜经石坡，化为巨瀑，汹涌不可当，故上潭以潭幽胜，中潭以溜奇胜，下潭以瀑雄胜，一水耳，分流各极其妙，始叹造物变化，令人莫测。复至塞里潭，潭藏深树中，上亦有瀑，在雁山殊不足奇，惟其地林壑深邃，峰峦严密，却大可堆入黄鹤山樵笔尖，是则别开生面矣。日将夕，舁行赴仙人台潘姓家宿。

十二日，今日拟游显胜门、石佛洞诸胜，无如大雨彻宵，道路湮没，不得已，向山灵作别。六时发仙人台，渡南阁溪，来时石齿稜稜，水不沾足，今忽陡涨三尺余，径且没矣；舆不得渡，乃由舆人负而过之，水深且大，加以急湍冲撞，负者与渡者，咸有戒心，及陆续过渡，相庆脱险。至下马垟，幸浮桥未为水断，迟恐不成行矣。逾千岭，山径新辟，平直如砥，过岭为大荆镇，镇市繁盛，寄寓于叔南家，楼阁明净，精舍轩敞，回望雁山，盖不胜依恋也。

潘博山(一九〇四—一九四三)，原名承厚，江苏苏州人。吴门望族之后，家学渊源，其祖有竹山堂藏书四万卷，博山与弟承弼(景郑)共读，并共同收书藏书二十余年，将藏书增至三十万卷。曾在吴县当地倡组电气公司、垦业银行，抗战初期又在上海创设通惠银行。本文原载《东南揽胜》，一九三五年三月版。

不游雁荡是虚生

陶萍天

“欲写龙湫难下笔，不游雁荡是虚生。”这两句诗记不清是谁作的。我几年之前，曾游过一次雁荡山，虽然走马看花，也总算不虚此生了。

雁荡山在浙江滨海的乐清县境，范围很大，南北纵横，足有百里。说到大，雁荡附近的天台山也相当大的，但天台山并非全是风景区，往往要走几十里路，弄得气喘如牛，汗流浃背，才可看到一点风景。雁荡山就不是这样子，眼看得到的都是奇景。人说行山阴道上，应接不暇，实在山阴道怎抵得上雁山道的千分之一！而且，有山，有水，有峰，有洞，有岩，有潭，连瀑布都有各式各样的不同，真够得上说一句“美不胜收”。

我觉得苏州的虎丘比不上南京的燕子矶，虎丘简直小得可怜。而南京又到底比不上杭州，但西湖山水虽然秀丽活泼，大半也是人工造成的。杨柳楼台，名人祠墓，自然给湖山生色不少。雁荡山却是半点人工修饰的地方都没有，不要说忠臣名妓的祠墓没有，就连比较古色古香点的浮图古刹也没有，但它还是叫你一看三叹！

西湖只是一篇清丽的小品文，雁荡山才是数百万言的长篇小说，读了令人赞叹无既，有山水癖的人，也只有雁荡山才能够游得过瘾。

在太古时代，雁荡山大概是浸在海里的，而且受潮水冲蚀得很厉害，这些被认为神工鬼斧的奇峰怪石，除了海水的冲蚀外，就是上帝也造不到这样巧妙的。

“雁荡无卧石”，的确，雁荡山的每一块石头都是直立的，我还要说“雁荡无山只有峰”。雁荡的山峰都是上下一样大小，峭拔地直挺挺地立在那里，像中国式的宝塔一样。而且这些峰，有骨无肉，完全是岩石，很少有泥土，因此也没有大树，怪模怪样地直立在那里，远看也有点惊心骇目，如果打从峰下经过的话，像我这样胆小的人，实在会担心它倒下来，要是有心脏病的，一定要激跳不止。到过雁荡的人，大概都有这种经验。

灵峰的神话

这绝不是杞人忧天的话，有些样子生得危险而且上重下轻的峰，总有一天要坍下来的，著名的灵峰，就在清代初叶坍下来了。我们现在看到的只是灵峰遗址，无数大石块都塌在溪中，这下面据说还埋着灵峰古寺。土人像讲故事般对我说：“当年灵峰塌下，寺里大小五百个和尚都葬在里面了，幸免于难的只有一个小和尚。那天一只黄狗跑进来拖了他的鞋子去，小和尚跑出来追狗，追过一条溪，天崩地裂般的一声响，灵峰就坍在他脚后跟了。因为寺里只有这个小和尚是真心向善的，所以观音大士点化了黄狗来渡他。”现在，灵峰遗址旁边的合掌峰便代替了灵峰，合掌峰大概有五十丈高，是两片手掌般的大岩合在一起的，样子怕人，手掌缝中就是观音洞，里面黑暗暗的造着九重楼阁，没有屋顶，屋顶就是岩，岩把房屋罩在里面，岩缝中有水滴下来，积在石穴内叫做“洗心泉”。我去的时候是炎夏，外面太阳火辣辣的，这里面却比吃了两打冰淇淋还爽快，我也喝了一口洗心泉的，但至今还变不了那个老心窍。合掌峰的对面有两枝双笋峰，高约四五丈，名之为双笋，真是惟妙惟肖。旁边还有北斗洞、碧霄洞、紫竹林、五老峰、古竹洞、果盒岩等，要一一说来就话长了。

雁荡的许多峰，也可以把它列成系统，有所谓“二灵”，一个就是“灵峰”，还有一个是“灵岩”，我觉得“灵岩”系中的峰比“灵峰”系的好，因为灵岩系的都是翠苔润绿，除了怪奇之外，而且秀丽动人。

如果站在灵岩寺的门前看，对面是白云岗，左边是展旗峰，右边是天柱峰，天柱旁边像众星捧月般的又有许多小峰，双鸾峰、卷图峰、卓笔峰，两小峰的当中有瀑布，就是小龙湫。说小峰实在也不算小的，因为对天柱峰说，所以算它小了。小龙湫也是对着大龙湫才言小的。下面是藏珠谷，西北角是龙鼻水，这里本来有一个龙鼻洞，龙鼻已经破了，水便涓涓不绝地流出来。

展旗峰高大得很，好像一面展开的旗，高与阔成三与五的比例。但是，最壮丽的还是天柱峰，天柱峰圆滚滚地笔直升上去，四面没有连着什么岩石，远望有点像上海的国际大饭店，当然还要高大得多。据说上下约七十余丈，连猴子都爬不上去，真有点像天柱。这个天柱照理是个伟丈夫，但一点也看不出粗气，竟大有女郎亭亭玉立的样子。

采石斛的绝技

天柱峰顶和展旗峰顶相距约八十丈，背后是有路可以上去的。当地采石斛的人会凭空牵一条绳过来，人便沿着绳在七八十丈高的空中像冯虚御风般的溜过来，从天柱一直溜到展旗。下面仰着头看的人看出了一身汗，悬在绳上的人还在放爆竹做游戏，这实在是“拼命表演”。在战前，花七八元钱便可以看一次了。

灵岩寺的后面是屏霞嶂，也叫灵岩，附近还有一个铁城嶂，岩壁绵至数里，像一座又高又大的铁城，我们看了只是叹息。

在雁荡的许多瀑布中，如西石梁、梅雨潭、罗带瀑、三折瀑、燕尾瀑，都比不上大龙湫。大龙湫藏在群峰的深处，快走近时，稻田内有一片下小上大，五六十丈高十余丈阔而仅有一丈左右厚薄的大岩插在那里，我们去的时候因为没有向导，不晓得叫什么名字，也许是一帆峰，因为有这样的一个峰名，而这峰又最像海面上的“一帆”不过。

曲折又曲折，峰回路转，龙湫乃见。见了龙湫，我们都欢呼起来。龙湫高约七十余丈，阔是随雨量的多寡而不同的，我们去看时是旱天，只有一丈左右阔，看起来也很不错了。普通的瀑布都是水顺着石壁流下，像一匹白练。大龙湫完全不同，大龙湫的出口地方特别突出一点，所以开始的时候还顺着岩壁而下，下来十丈左右，水贴不着岩石了，便凭空直泻到底，上半段和下半段的样子完全两样，像块块烟云坠下，落在潭内又激起无数的碎珠来。“十丈以上尚是水，十丈以下化为烟”，虽然诗人们都叹息着欲写龙湫难下笔，这两句诗我觉得是形容逼真了。

康有为在旁边的石壁上写了四个大字“白龙飞下”，笔力苍劲得真像生龙活虎，这位导演百日维新的老先生，当年大概也是得龙湫之灵气，因而下笔如有神的吧！

游客们到此，总要对这条自天飞下的白龙呆呆地看半天。灵岩还只灵气所钟而已，龙湫实在是仙境了。

雁荡的最高峰叫百岗尖，海拔千二百尺，上面是猿猴的故乡，如果不是成群结队，只是两三个人冒险上去的话，很容易遭到猴子的袭击。

至于雁荡得名的地方“雁湖”，不过是山巅的一片水洼，没有什么好看。还有一个显胜门，两峰直立，中有狭路，山半腰是作为雁荡诸洞代表的石佛洞，可惜我没有去过。据朋友说，看了显胜门才觉得自然的伟大，大概比铁城嶂还要雄伟得多吧！

雁荡山，包括七十余个峰，数十个洞，十余条瀑布，以及无数零零碎碎的岩、潭、石，但是雁荡“峰峰是景，石石皆奇”。这里不引人注意的石块，如果搬到上海兆丰公园，就要使人叹为观止了，雁荡任何一块石子都是不平凡的。

雁荡山附近的大荆镇上有位蒋叔南先生，他是蒋总统任团长时的副团长，这位蒋先生对雁荡山是花过一番心血的，募款筑了许多山路，还造了许多供游客歇宿的房屋，游雁荡山的人也一定知道有个“山人蒋叔南先生”。蒋先生因家庭的细故投在石门潭的水里死了，此后虽然有什么“雁荡风景管理委员会”设立，据说还不及蒋先生一个人的成绩来得好。

黄金国美利坚有个其大冠于世界的黄石公园，恐怕太大了，内容不见得会充实。雁荡山滨海，气候良好，距温州不远，如坐汽车，几小时工夫便可到达。以雁荡的风景区如此之大，实在可以建立一个标准的“万国公园”。战前孙科先生赠送了八百株桂花，给名山添色添香，可惜连年战乱，山灵冷落，这些话暂时也用不到提起了。

三七、八、十八

陶萍天，生卒年不详，浙江台州人。与胡济涛合编《新名词辞典》。本文原载《家庭》一九四八年第十五卷第四期。

浙江名山记游：雁荡山

阮毅成

如其说天台山以石胜，天目山以树胜，则雁荡山可说是以奇峰与瀑布胜。雁荡在乐清县境内，从虹桥经芙蓉村，可以入山。从温岭、黄岩经过大荆，也可以入山。这两条路，我都曾经走过。由大荆入山，先就可以遇见一座奇峰，酷似老僧拱手而立，相迎于道左，故名曰“接客僧”。这与黄山文殊院前的那一株“迎客松”，堪以媲美。

雁荡的山顶，有一大水池。每到秋天，有鸿雁来回翔其上，因以得名。在佛教的故事中，说是印度有高僧来中国，当在“以花名村，以鸟名山”的地方，建立道场。走到雁荡，便认为是合于条件。所谓以花名村，即指山外的芙蓉村而言。后来陆续有五百位印度和尚到雁荡，再分到天台，据说这便是今天每一个大丛林中所供奉的五百罗汉。但是现在的雁荡山，已经没有了大庙，也没有高僧。惟有在绵长十里路的奇峰尽起的两头，一端有灵岩寺，一端有灵峰寺。这两个寺的规模建置，在以往也许崇宏，而今日却只有数楹殿屋，处在高山之下，尤其觉得渺小不称。雁荡山的长处，便是奇峰突起，与桂林山水同类。而风景的集中处，则在两灵之间的十里路上。

雁荡山一共有一百零二个峰，这是指有了名字的而言。其余没有名字的，不知多少。一个峰名叫“听诗叟”，活像一位老者，以手支颐，俯首听人诵读诗句。在灵岩寺的前面，有两个大峰，一个是展旗峰，一个是天柱峰。这两个峰，各自独立，庄严而沉重地站着，好似灵岩寺寺门前的两支天然的大石柱，大旗竿。当地乡人，可以在两峰之顶，横挂一索，从一个峰尖，攀行到另一个峰尖。每表演一次，由游客给些冒险费。而每一年之中，必有一人，因攀行不慎，从半空中跌到峰底的深壑中，送了性命。

雁荡山胜过于桂林的，便是瀑布多。天目山没有瀑布，天台山只有石梁，瀑带不长，也无曲折。而雁荡山则有大龙湫、小龙湫、罗带瀑、三折瀑等。水力以大龙湫为最大，而以三折瀑为最奇。三折瀑从峰顶而下，中经三折。每到一折，必有一个极圆的水池。再下一峰，又有一折，又有一个极圆的水池。不像庐山的三叠瀑，一目了然。站在三折的任何一折看瀑布时，万想不到其上面或下面，也有照样的瀑布和圆池。而且三折瀑的每一折，瀑布的长短相仿；每一折的圆池半径，也都一样。这真是天造地设，鬼斧神工。

说到雁荡，不能不提到蒋叔南先生。他为了要整理雁荡的风景，花去了半生的心力。而结果是他在雁荡外的石门，跳水自杀。自杀的原因，至今不详。他编了新的《雁荡山志》，也至今没有人付印。我曾经托人在他的家属处借来读过，并且抄下来其中最精彩的几卷，放在浙江行政图书馆中。

我第一次在雁荡，适逢月半。秋高气爽，月光圆满。坐在小龙湫前面，听瀑布的水声。那时正值东南半壁，陷于敌手。兄弟朋友，散处四方。因月思人，独多怀想。第二次在雁荡，则适逢大风大雨。我从灵峰走往灵岩，因为是春天，雨淋在身上，并不难受。雨后看大龙湫，水势特大，真有黄河之水天上来，奔流到海不复回的气概。

阮毅成（一九〇四—一九八八），学名冠华，字思宁，晚年自号适庐主人，原籍浙江余姚，生于江苏兴化。曾留学法国，得法学硕士学位，历任中央大学教授、浙江省民政厅厅长等职。后赴台湾。著有《彼岸》《散文选集》《法语》等。本文作于一九四九年七月二十四日。选自《阮毅成自选集》，林若诗选辑，台北：黎明文化事业股份有限公司一九七八年五月出版。

寇从海上来

——一九四二年日本海军急袭温州

王长明 辑

一九四二年夏，为歼灭中国第三战区部队，占领和破坏浙赣两省境内的中国空军基地，日军发动浙赣作战（中国称为“浙赣会战”）。七月十一日，日本陆军的小薗江支队占领温州城，随后侵入瑞安、乐清等地，此为温州第二次沦陷，直至八月十五日才告光复。而早在侵占温州四十天之前，日本海军组织的所谓“急袭部队”就已经开始在浙东特别是温州沿海各地，实施了一系列的封锁、扫荡、搜索行动。日军此次侵占温州旨在搜索、破坏温州附近的秘密运输线和美英潜艇的辅助设施。根据日本亚洲历史资料中心《机密せ号作战急袭部队战斗详报》等档案，在配合陆军袭占温州之前，日本海军从六月一日起对清江渡、霓屿山、沙埕港、披山岛等地相继急袭，六月六日起对福宁湾、北礌岛、福瑶岛等所谓潜艇补给基地展开调查。经过反复的搜索调查，日军最终确认：“在本部队警备区域内并不存在敌人的潜艇基地设备，以及担心其转化为潜艇基地的设施。”

虽然没有发现所谓的英美潜艇基地，但日军破坏中国秘密运输线，继续加大对中国抗战输血通道的封锁、掠夺抗战物资的目的还是达到了。七月十七日，日海军陆战队在乐清黄华、崎头一带登陆，并与从温州东下之陆军部队在磐石卫城会师，“对敌军（指中国军队）第三战区援蒋小道实现了完全封锁”。七月二十一日，在日本海军引导之下，其陆军输送部分伤员及马匹从瑞安经海路撤离。七月二十七日，日海军陆战队在平阳古鳌头（鳌江）实施登陆和扫荡。八月中旬，日本海陆军相协同，将其在温州附近抢夺的抗战物资运走。

近年来我从日本二战时期的画报、档案中发现的浙赣会战期间日本海军侵扰温州沿海的相关史料，从中挑选出九张照片，这些照片至少在温州地区的出版物中从未刊载过。它们分别出自日本《大东亚战争画报》第十号（一九四二年八月九日出版）的《华南前线炎热的扫荡战》、《历史写真》画报一九四二年十月号（未注明具体出版日期）的《皇军在大陆上的勇敢战斗》、《写真周报》第二三五号（一九四二年八月二十六日出版）的《帝国海军也展开了作战——中国方面舰队封锁温州》。此外，还附上日军档案《机密せ号作战急袭部队战斗详报》的封面及内文截图。希望通过上述史料，让读者对这段鲜为人知的历史能有直观形象的初步了解。

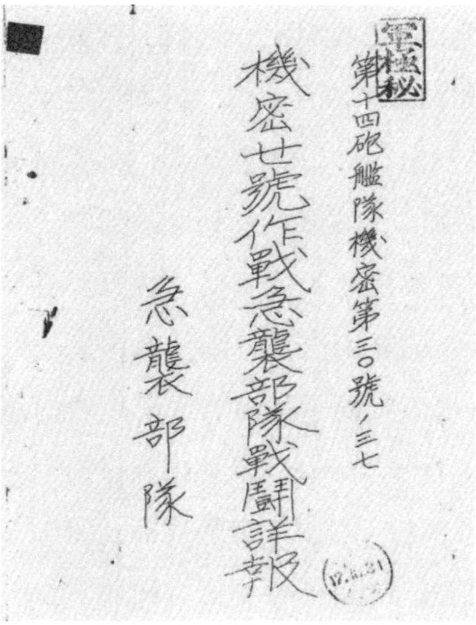

軍機秘

第十四砲艦隊機密第三〇號ノ三七

機密セ號作戦急襲部隊戦闘詳報

急襲部隊

《机密セ号作战急袭部队战斗详报》封面

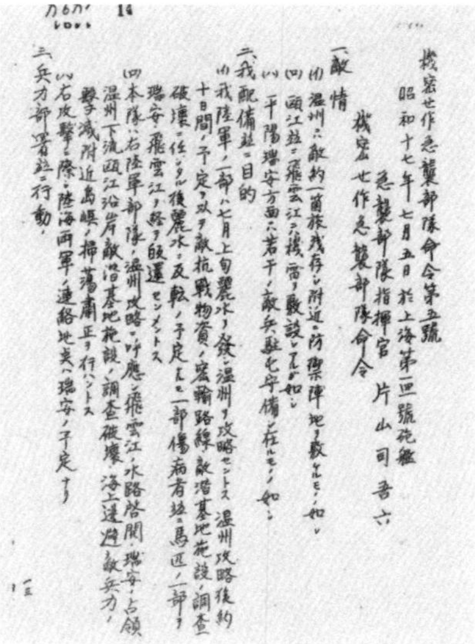

機密セ作急襲部隊命令第五號

昭和十七年七月五日 於上海第四號砲艦

急襲部隊指揮官 片山司吾六

機密セ作急襲部隊命令

一、敵情

(イ)温州ニハ敵約一箇旅残存シ附近ニ防禦陣地ヲ設ケルモノノ如シ

(ロ)甌江並ニ飛雲江ニハ機雷ヲ敷設シアルガ如シ

(ハ)平陽瑞安方面ニハ若干ノ敵兵駐屯守備シ在ルモノノ如シ

二、我配備並ニ目的

(イ)我陸軍ノ一部ハ七月上旬麗水ヲ發シ温州ヲ攻略セントス 温州攻略後約十日間ノ予定ヲ以テ敵抗戦物資ノ密輸路線敵潜基地施設ノ調査破壊ニ任ジタル後麗水ニ反転ノ予定ナルモ一部傷病者並ニ馬匹ノ一部ヲ瑞安ニ飛雲江ヲ經テ輸送セントス

(ロ)本隊ハ右陸軍部隊ノ温州攻略ニ呼應シ飛雲江水路啓開瑞安ノ占領温州下流甌江沿岸敵潜基地施設ノ調査破壊海上逃避敵兵力ノ撃滅附近島嶼ノ掃蕩粛正ヲ行ハントス

(ハ)右攻撃ニ際シ陸海両軍ノ連絡地点ハ瑞安ノ予定ナリ

三、兵力部署並ニ行動

《机密セ号作战急袭部队战斗详报》

日军士兵在军舰瞭望塔上用望远镜瞭望

日本海军陆战队在陆军的协助下从黄华村登陆

日本海军陆战队在瓯江口之黄华村登陆

日军乘帆船在温州湾附近搜索中国军队

日军在温州湾发现中国的平底帆船，向其作准备射击状

一九四二年七月十七日，日军占领磐石卫城

日军舰炮和鱼雷在温州湾布下针对中国军队的所谓“见敌必杀阵”

日海军舰艇在其陆军配合下猛烈扫射

日军舰炮炮击我温州海岸

张宪文致蒋礼鸿及其家人书札九通

楼 培 笺注

张宪文（一九二〇——二〇〇四），字公韬，浙江永嘉梧田（今属温州市瓯海区）人，毕业于浙江省立温州师范学校，曾任职于民盟温州市委会、温州市图书馆，编著有《高则诚集》《王叔杲集》《张璁年谱》《孙诒让遗文辑存》《温州历代书藏》《仰云楼文录》《仰云楼诗词稿》等。“仰云楼”者，纪念乃师蒋礼鸿也。

蒋礼鸿（一九一六——一九九五），字云从，浙江嘉兴人。当代著名语言学家、敦煌学家，《汉语大词典》副主编，《辞海》编委兼分科主编。早年就读于之江文理学院（后改名之江大学），受业于徐昂、钟泰、夏承焘诸先生。后任教于之江大学、蓝田国立师范学院、中央大学、浙江师范学院、杭州大学。沉潜文史，兼长诗词，尤精于文字训诂与古书校释，著有《商君书锥指》《敦煌变文字义通释》《义府续貂》《古汉语通论》《怀任斋文集》等。

一九三七年抗战全面爆发后，嘉兴、杭州于当年年底相继沦陷，夏承焘先生介绍之江大学四年级学生蒋礼鸿到家乡温州平阳郑楼的浙江省立温州师范学校，担任一年级国文教师。因之江大学在上海租界复学，蒋礼鸿于翌年五月赴沪继续学业，取得文学士学位。张宪文即蒋氏在温州任教期间的学生之一，受其熏陶启迪，从此执弟子礼甚恭，从游问学，鱼雁往返，半个多世纪里不曾间断。

承蒋礼鸿先生哲嗣蒋遂老师高义，获观其先人遗泽，辑得张宪文致蒋家书札九通，今按时序，略作考释，以飨同好。

一、一九九一年二月十六日函

云师、弢师函丈：

吉羊献岁，万象更新，谨顿首拜贺春釐，阖第纳吉。

生托庇粗安，附陈饯岁一诗，以见情愫，惟师哂而正之。

生张宪文谨上

辛未春正月初二日

庚午除夜

来羊走马葭灰动，守岁迎春又一年。

河汉玉绳低欲转，人间火树照无眠。

祭书何用仓生粟，数典还嫌郭有田。

一事萦怀驱未了，海湾烽燧正连天。

函中庚午即一九九〇年，辛未为一九九一年。

云师即蒋礼鸿，弢师为蒋夫人盛静霞（一九一七——二〇〇六），

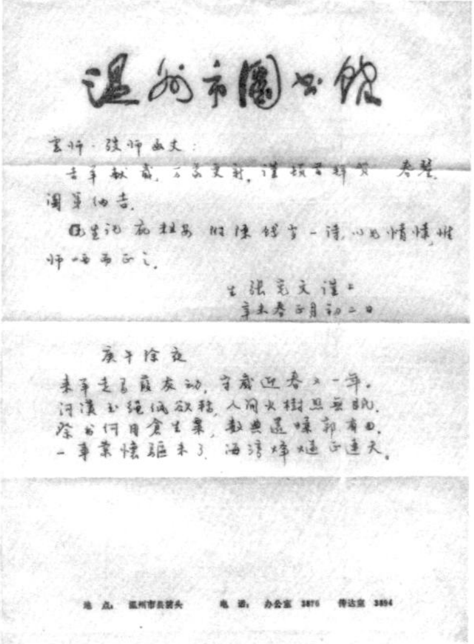

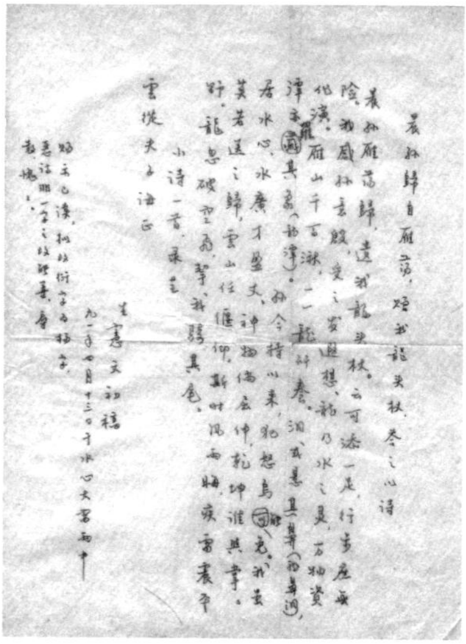

张宪文致蒋礼鸿信

字伴鹭、弢青，江苏扬州人。一九三六年考入中央大学中国文学系，受教于汪辟疆、吴梅、汪东、卢前等名教授，尤致力于诗词创作，汪东称其与沈祖棻前后齐名。盛氏亦曾在中央大学、浙江师范学院、杭州大学任职。有诗词集《频伽室语业》，与蒋礼鸿《怀任斋诗词》合刊。又曾与夏承焘合著《唐宋词选》，与人合编《宋词精选》。

“海湾烽燧正连天”指当年如火如荼的海湾战争。该诗收入《仰云楼诗词稿》（开元文化企划二〇〇三年刊印，下同）时题作“庚午除夕”，文字全同。

二、一九九一年四月十三日函

晨孙归自雁荡，赠我龙头杖，答之以诗

晨孙雁荡归，遗我龙头杖。云可添一足，行步庶无险。我感孙意殷，受之发遐想。龙乃水之灵，万物资化演。雁山千百湫，一一龙所养。洞或悬其鼻（龙鼻洞），潭亦罗其象（龙潭）。孙今持以来，犯怒乌能免。我虽居水心，水广才盈丈。神物倘屈伸，乾坤谁与掌。莫若送之归，云山任偃仰。斯时风雨晦，疾雷震平野。龙忽破空飞，挈我骑其尾。

小诗一首，录呈

云从夫子诲正

生宪文初稿

九一年四月十三日于水心大雷雨中

赐示已读，拟改衍字为扬字。恶诗非一字之改能善，辱教，愧愧。

此诗收入《仰云楼诗词稿》时改题“谢晨孙赠龙头杖”，“行步庶无险”改“行步庶无蹇”，“乾坤谁与掌”作“乾坤谁与展”，“疾雷震平野”作“疾雷震天响”，“挈我骑其尾”作“挈我附其掌”。所谓“赐示已读，拟改衍字为扬字”，未见来往书札，不能确论，然参以《仰云楼诗词稿》前此诸作，同年有《辛未正月初七移居水心》诗，其中有句“春水扬波入画屏”，似即改“衍”为“扬”。

三、一九九二年十二月三日函

云师赐鉴：

大著《读变枝谈》奉到。辄拜读一过，获益匪浅。窃谓《变文字义通释》再版之时，如将此文作为附录，则敦煌变文之释义、校雠似无剩义矣。

锡鉴兄近拟董理平日所为札录，写史记词义辨析、语文札记等书。此君后我三年卒业温师，嗣就学浙大师院，得名师诲督，学有根柢。近身体转佳，假以岁月，当有成也。

生旧疾频发，殊少出户，日惟看闲书自遣而已。比应命为吾乡孤屿之红十三军及浙南游击纵队烈士纪念馆草一联，以兹事体大，未敢定稿。兹附函抄奉，乞赐改定，以祛纰缪。至祷至祷。肃此拜谢

嘉贶，并祝

合第康泰

生张宪文拜上

一九九二年十二月三日

秋水卷银涛，拍岸江声，挟烈士忠魂，直上重霄歌伏虎；

丰碑凌玉宇，接天山色，遍神州大地，升腾红日看飞龙。

联凡五对，其中四对，以春夏秋冬起首，秋字不可易也。

蒋礼鸿论文《读变枝谈》发表于《敦煌研究》一九九二年第三期。《敦煌变文字义通释》一九五九年三月于中华书局出版印行，同年十一月即出版第一次增订本，其后一九六一年五月、一九六二年六月、一九八一年四月、一九八八年九月依次推出增订新版，踵事增华，精益求精，直至蒋氏身后的一九九七年十月出版增补定本。《读变枝谈》未尝附录于《敦煌变文字义通释》，后收入《蒋礼鸿语言文字学论丛》（浙江古籍出版社一九九四年版）。

马锡鉴（一九一九——二〇一〇），浙江平阳人，考入省立温州师范学校，后再就读于浙江大学国文系。曾在浙江师范学院等院校任教，担任过温州师范学院副院长，一九八〇年代任《汉语大词典》温州编写组组长。与蒋礼鸿夫妇相识并有交往。《仰云楼文录》《仰云楼诗词稿》封面题签皆其手笔。

函中联语与《仰云楼诗词稿》所附江心烈士纪念馆联无异。

四、一九九三年十月二十八日函

云师赐鉴：

奉到《怀任斋诗词集》，即敬诵数过。卷内所收为生曩尝诵习者殆未及半，颇觉删汰太甚。至于手民衍脱及错误之字，生自能知之。咏物词之寄托所在，亦可粗解，惟其中辞句用字之未明出处未得悟解者亦复不少，固知孤陋如我，尚不足读师门韵语之作也。

弢青师的序，千锤百炼而出，写得极有风趣。他日《频伽室语业》印行，亟盼再惠赐一册。

比应永嘉县政协文史会议之邀，有楠溪江（国家级风景区）之行，得恶诗数首，谨录奉一粲，如曲加斧正，则尤为感幸。肃上，

祇请

道安

并候弢青师暨世兄辈安好

生张宪文敬上

九三年十月廿八日

癸酉九月初八日游楠溪江四首

渡口撑排拍水流，滩林一路澹摇秋。

此来初识楠江面，笑把山花插满头。

自注：排，山区竹筏，联竹十二为之，昂首翘尾，以竹篙撑进，若泛鹜然，不见于平原水乡。

洗心濯足意如何？仙子凌波水作窝。

欲铸新词终未得，眼前惟觉跳珠多。

林烟结作溪头縠，水石清于山外天。

我道此间无好景，只应醉杀李青莲。

扬篙泛绿好儿郎，齿颊长留麦饼香。

到得狮岩还一笑，溪山明日又重阳。

自注：自渡头至狮子岩，溪行二十余里，历时二小时半。

《怀任斋诗词》油印本于一九八七年、一九九三年先后印行。张宪文称“颇觉删汰太甚”，其《三年负笈　刻骨铭心——记在郑楼温师的逝水流年》（收在《仰云楼文录》，香港天马图书有限公司二〇〇〇年版）载录蒋礼鸿之言“余少学为韵语，垂老摧烧之”，可相参证。《频伽室语业》一九九三年亦有油印本问世。

札中附诗收入《仰云楼诗词稿》时，改题“癸酉九月，参加永嘉文史工作会议，初八日游楠溪江，自渡头乘筏至狮子岩，溪行二十里”，“仙子凌波水作窝”作“仙子凌波水卷涡”，“林烟结作溪头縠”作“林霏散作溪头縠”，“水石清于山外天”作“卵石平铺水底天”，“我道此间无好景”作“谁道此间无好景”，“到得狮岩还一笑”作“到得狮岩同一笑”，具见苦吟之功。

五、一九九四年四月二十二日函

云师赐鉴：

前奉询邦瑞之通讯处，生辄持书以示，度渠已有书奉陈矣。此君自遭困阨，颇为自卑，恒独行踽踽，不问世事。比年其女及婿，锐意经营，已臻富有，且善于色养，故其晚年景况，渐入佳境，惟体质素弱，不免多病而已。

近作一诗一词，录上，谨请诲正。专此奉复，祇颂

道安，并请弢青师安。

生张宪文上

一九九四年四月二十二日

浣溪沙

歌管楼台夜不收，长街灯火接天流。满城春色可怜秋。　池草萦青扶短梦，钟声和月送行舟。风情谁与说温州。

甲戌三月初六，偕民建诸老游江心（进退格）

行春小队出风尘，孤屿双峰画里寻。

怀梓能无三宿恋？乘潮已是老来身。

眼中物候催昏晓，槛外中川自古今。

我欲题诗邀谢守，隔江车骑正骎骎。

邦瑞即温州人薛邦瑞，张宪文温师同学，前引《三年负笈　刻骨铭心——记在郑楼温师的逝水流年》记载其时瑞安陈逸人先生“指定我通读《汉书》，薛邦瑞通读《史记》”。薛邦瑞亦是蒋礼鸿学生，后曾任苍南县教育科科长，温州中学、温州二中教师。

函中所附一词与《仰云楼诗词稿》本皆同，惟一诗《诗词稿》未录。

六、一九九五年五月十八日函

弢青师赐鉴：

十六日下午自外归，检信箱得杭大中文系函，信面所写地址姓名之笔迹，非所熟悉，心感不祥，发缄乃云师之讣告赫然在目焉。呜呼痛哉！

去冬在温晤徐规先生，谓云师身罹重疾，难起沉疴。生即奉书问候，嗣得云师十二月廿六日复示“情况良好”，师亦附告“无恙症状，惟人稍软弱而已”。两者所言歧异，岂徐规先生之言不实，抑师故作达观，不言其他耶？心甚疑之。三月中，乃再拜候起居，廿七日师复示云师偶患感冒，引起气管阻塞，经送院抢救脱险，现体力恢复尚快，三餐进食，面色精神甚好。而又言“死生有命，我等均置之度外，顺乎自然”，言外之意，则云师生命垂危，似甚明矣！虽然，生固不欲作如是想也，惟遵命不再作寻常函札以扰清神。讵意四十余日之后，云师竟不治而归道山，其生年遂止于是矣！呜呼，尚何言哉！

年来云师患病日久，师悉心调理，至为辛劳。兹遭此大故，自然益深悲切。但云师尝言：“命长总要见阎王，命短些儿也不妨。”今云师年登八十，且一生立德立言，成就卓著，仰无愧于天，俯流泽于世，诚可谓无憾矣。尚祈吾师与世兄世姊辈节哀保重，以继清芬，至祷至祷！

生承教六十来年，师恩罔极，惟抱病之躯，未克趋前一诀，疚心负罪，无可言宣。今谨奉挽诗一章，匆匆不讲修辞，惟聊表寸心而已！师如有知，或当我谅。

事定得闲之后，敢请将云师病中情状及身后之诸事安排，赐示一二。心烦虑乱，不尽欲言。专此奉达，敬请

礼安

生张宪文叩首

一九九五年五月十八日

一九九五年五月九日，蒋礼鸿逝世。此札当是张宪文收到讣告后致盛静霞以悼念恩师、慰问家属者。

徐规（一九二〇——二〇一〇），浙江平阳人，毕业于浙江大学，

师从张荫麟、陈乐素等，先后执教于温州中学、浙江师范学院、杭州大学、浙江大学，当代宋史研究名家，著有《李焘年表》《王禹偁事迹著作编年》《仰素集》等。张宪文“去冬在温晤徐规先生”后，作有《徐规先生自杭来，言云师身罹重疾，谨奉问起居》诗，收在《仰云楼诗词稿》：“月轮高挂武林居，照见先生夜著书。百代文章宗二子（原注：许、郑），千秋事业在三余。郑楼奉手莺飞日，秦望双栖燕处初。但愿天长人并寿，师门公母两怡如。”

蒋氏豁达之言“命长总要见阎王”见于其病重时所作《宪文闻余病，来书有五内如焚语，作此为报》：“命长总要见阎王，命短些儿也不妨。我友应须知此理，勿因我病便惊惶！”已收入《怀任斋诗词·频伽室语业合集》。

信中所说“今谨奉挽诗一章”并未附诸函末。不过检阅《仰云楼诗词稿》，可见《哭蒋师云从》：“传言讹实苦难分，毕竟哀歌动地闻。五月钱塘当此日，满城风雨哭斯文。煌煌楮墨随身化，寸寸心香和泪焚。我是白头门弟子，那堪重问北山云。”

七、一九九五年七月二十一日函

遂弟：

寄来的信及杭大中文系汉语史教研室的征稿通知均奉悉。出云师的纪念集《书魂》，是极为必要的，闻讯，我极感欣慰。

我是你父亲最早而最蹩脚的学生，旧情历历，时萦胸臆。今云师遽归道山，原想写一篇文章以寄哀思，但我对你父亲的博大精深的学问未涉藩篱，怕歪嘴和尚念不出好经，只得作罢。现依教将登在《温师建校六十周年纪念刊》上怀念你父亲的那一部分，略加修改奉上。我想此文对你父亲早年的从教情况以及他对学生的厚爱之情或可表达一二，您以为如何？挽诗前曾寄奉一首，惟文字多有未安，特别是结句只是凑韵，表达不出深意，欲改而又未得，现再做挽联一对一并奉上，如荷令堂并加润饰，则幸甚。匆此布复，即候

暑安，并请叱名向令堂问好。

张宪文上

一九九五年七月二十一日

遂弟即蒋、盛哲嗣蒋遂。

《书魂——蒋礼鸿教授纪念文集》于一九九五年十月由杭州大学出版社出版，杭州大学中文系负责其事，在出版前也向张宪文约稿。张氏摘录了一九九三年出版的《温州师范学院建校六十周年纪念刊》中所作（即前引《三年负笈　刻骨铭心——记在郑楼温师的逝水流年》）有关蒋礼鸿部分，以"郑楼雨露　永铭心腑——记早年与云从师的一段从游"为名，收录于《书魂》。挽联一对不见函中，参以《仰云楼诗词稿》，有《蒋师云从哀辞》："六十年言传身教，拂拭感深恩，终负心期宗叔重；一千里山程水驿，哀伤虚薄奠，徒萦魂梦到钱塘。"

八、一九九六年一月三十一日函

弢青师赐鉴：

奉到《书魂》，辄把卷读竟，不遗一篇。又回过头来，将师和逊妹遂弟所写的悼念文章，看了又看，使我对云师的为人之道和生活情趣以及83年后的病情变化，都知道得更为具体。师之高风亮节，书魂二字，足以表之。惟黄金贵君一文，不忍卒读。这一最后

奉献，固为云师精神的最高境界，但我总觉得过于豁达，以至青山所瘗，惟有衣冠，于死生之际，不免歆然。

读集，知《史记考核》和《康熙字典纠缪》二书，为云师病中情之所系。窃意《考核》之已成部分，似宜谋付枣梨，《纠缪》一书似亦可将札记资料，付诸高足，待整理成文，再加区处。至于所作诗词，诚如瞿禅先生所言“凌氏梅边吹笛谱不足拟也”，虽曾打印问世，终觉刊落太甚，许多名篇佳制都未收入。这一方面，我建议将《怀任》和《频伽》二集合为一书，在适当时候由出版社刊印发行。所需之费，诸门弟子稍稍凑集，即不难解决。未知师意以为如何？

生自85年后，未出远门，今金温铁路惟缙云至丽水及丽水至青田两段，尚在开山架桥，度97年当可全线通车，生虽不良于行，届时亦亟当乘车直达杭州，叩谒师门，以申情愫。

一年如梦光阴，又匆匆过却。春节将临，谨遥贺

起居康胜，合家幸福。

生张宪文谨叩

一九九六年一月三十一日

逊妹即蒋、盛长女盛逊。

“这一最后奉献”指蒋礼鸿生前遗嘱将遗体捐献给浙江医科大学，在杭州南山陵园的乃是衣冠冢，即函中所谓“青山所瘗，唯有衣冠”者也。

蒋礼鸿自一九八九年从浙二医院治病出院后，阅读日本泷川资言《史记会注考证》，校读之余写有四万八千字初稿，又计划校订《康熙字典》，并留下部分稿子，惜乎未竟全功。张宪文希望两部残稿能够整理出版。二〇〇一年《蒋礼鸿集》由浙江教育出版社出版，《〈史记〉校诂》和《〈康熙字典〉》据蒋氏手稿收入该集第六卷《集外集》中。

瞿禅即夏承焘先生，其《天风阁学词日记》一九四三年五月七日称：“接云从重庆柏溪中央大学分校函，附来一律诗，大好。谓有人劝其暂辍考据之业，以治诗词者，问予为决去从。此君锲而不舍，可为陈兰甫，《梅边吹笛谱》，非其伦也。”五月十日：“发云从复，附去近词数首。”（《夏承焘集》第六册，浙江古籍出版社、浙江教育出版社一九九七年版）这通复函现由蒋遂老师收藏，其中有云：“承询考据、词章之业，鄙言无碍兼治，吾弟锲而不舍，可望为陈兰甫，凌氏《梅边吹笛谱》不足拟也。”正是函中“瞿禅先生所言”之出典。又《怀任斋诗词 · 频伽室语业合集》于二〇〇四年由香港天马图书有限公司出版。

九、一九九六年一月三十一日函

遂弟惠鉴：

寄来的《书魂》，于一月廿六日收到，谢谢！

我觉得此书编得很好，以书魂为主题，把你父亲的光辉形象，都展现在人们眼前。我知道你母亲和你在这方面花了许多心血，确是对你父亲的最好纪念，也是对人们的最好教育。

古人于亲之丧，庐墓三年，我知道你们的哀戚之情，恐至今仍未稍减，但望想得开些，善自排遣，尤其是你母亲，年事已高，更须注意侍奉，使她老人家能安安稳稳、快快活活，颐养天年。

所问钱名山是江苏武进人（旧称常州），名振锽，字梦鲸，号谪星，后改号名山。生活年代在1875—1944年。他是清光绪廿九年的进士，曾官刑部主事，后无意仕途，退隐家园，以授徒著书为乐，很负时望。著有《谪星诗文集》《名山文约》《名山诗集》等。夏承焘先生所讲的永嘉前辈，大概是指钱振埙，他字伯吹

（《诗经》有“伯氏吹埙”之语），温州乐清人，是光绪举人，诗名籍甚，为温州著名文士，生活年代也与钱名山相若（二人之名，相差一字，其义亦同），故有此误。

你现在何处工作，平日喜欢哪门学科，在学术上有意继承你父亲的事业否？有暇望多通信。匆复，即祝

全家安好，新春快乐

张宪文上

一九九六年一月三十一日

又，张定璋是我温师很要好的同班同学。自一九三九年毕业分手后，便一无消息。今如仍在杭大，烦有便询示其所在院系和家庭住址。此托。

张宪文在同一日分别致函盛静霞和蒋遂母子。

札中所说钱名山，夏承焘先生跟这位学界老辈有过交往，并与其高弟谢玉岑（一八九九——一九三五）惺惺相惜，成为莫逆之交。

钱振埙（一八六七——一九三一），又名熊埙，字伯吹，又字华生，号普庵、祝仙，祖籍虹桥钱家垟村，世居永嘉城内。清光绪十四年（一八八八）举人。光绪二十八年（一九〇二）五月入日本弘文学院速成师范科留学，同年九月卒业。曾任台州、学教谕，北京、两浙学堂经学教授等职，辛亥光复后，任瓯海道尹署视察员、瓯海关监督署咨议等职，并创办广济院。

张定璋（一九一八——二〇〇八），浙江温岭人，曾就读于蓝田国立师范学院，后任教于浙江师范学院、杭州大学教育系，中国民主同盟盟员，教学论专家。函末有蒋遂老师蓝色圆珠笔附记张定璋联系方式，应该说圆满完成了张宪文寻找故友的嘱托。

可能赤手挽颓风

——林兢在西北地区的政务改革及其困局

张　侃

一、导言

林兢（一八九四——一九六二），浙江温州平阳蒲门乡霞关人，其名有时被写为“林竞”，其字烈敷，一作“烈夫”。林兢从一九一六年被派往新疆调查，前后一共四次考察西北，撰写了大量调查报告、文稿和日记，其中以《西北丛编》等最著名。学界根据林兢公布的部分文稿论述考察日记的学术价值以及他的西北开发思想等[1]。林兢被誉为“西北问题第一人”，现有研究仅仅展现其西北活动的冰山一角，还有诸多继续提升的空间。《林氏宗谱》保存有一份林兢自己撰写的《自我的介绍及最近之主张》，记载了他在西北的丰富活动内容：

> （一九一六）秋，奉财、农两部令，派赴新疆、甘肃考察财政实业。周历天山南北，取道俄国回京。民七再渡日本，返回后

再赴绥远、宁夏、甘肃、新疆、内外蒙古，勘测新包铁路及绥远汽车线路。民十、民十一年，在绥远铁路组织职工，因反对军阀卖路被通缉。至沪由张委员继引见总理，报告经过，并条陈开发西北意见。十三四年，任京绥铁路材料处处长、交通部参事上办事、西北边防督办公署调查编辑处处长。是秋，奉命赴西北各省宣传主义及调查各种情形。十五年，奉命筹备甘肃西宁县党部。……又奉国府命任西宁区行政长，兼垦务总办。因在后方筹备军需，维持治安颇有劳绩，蒙革命军第二集团军奖给革命奖章，并聘为高等顾问。十七年，国府任为青海民政厅厅长，辞职。十八年，住上海，温州同乡会推荐为常务委员，服务年余。十九年，任国民政府参事。廿一年，任甘肃民政厅厅长。……本人浅才薄植，无所成就，唯出身贫寒，尚能刻苦耐劳，作实践工夫。生平服膺三民主义，绝对以大多数民众为立场，深守党权集中之训，并稔知东南革命风气较为普遍，故特注重西北工作，此中艰困，当为世人所想见。二十年来，又尝力倡“和平救国”“开发西北”之主张，先后在旧都与同志发起西北协会，在南京发起新亚细亚学会，并任该会常务委员，又曾任开发西北协会理事，并著有《西北丛编》及《新疆纪略》等书。[2]

不过，值得注意的是，林兢的自述对一九二五年进入甘肃、青海开展的工作着墨不多，对任职西宁区行政长、青海省民政厅厅长、甘肃省民政厅厅长的相关情形仅有寥寥几笔。当时蒙、藏、维等民族有自己的语言文字，宗教意识强烈，与内地文化存在隔阂。在此状况下，内地官员执政稍有不慎，容易产生严重的民族对立和地方冲突。林兢在甘肃、青海开展党务和政务工作，是国内政局最混杂的时期。如何将林兢嵌入这个历史情境之中予以分析讨论，同时从其个体生命史的演变折射时代格局，是值得展开的研究命题。

二、从革命行动者到西北问题专家

民国二年（一九一三），二次革命失败。参与二次革命的林兢来到东京，与同乡人殷汝骊交往密切，经殷汝骊介绍进入法政学校就读。民国四年（一九一五），孙中山决定发动武装讨袁，派人员回国运动。先派吕志伊回云南策动唐继尧，后派王祺、林兢回上海发动起义。袁世凯病死后，黎元洪任总统，段祺瑞任国务总理，段内阁为联合政府，外交部、财政部、司法部为殷汝骊、张耀曾、谷钟秀、杨永泰、黄郛等国民党政学系掌控，殷汝骊任财政次长。当时林兢已与殷汝骊形成姻亲关系，殷汝骊的大妹殷铸任为郑孝胥长子郑垂之妻，林兢之妻郑修则是郑孝胥侄女。后来，殷汝骊离开北京到上海，林兢与殷氏兄弟仍居住在北京，如其在《西行日记》曰，“晚饭余饮葡萄酒数杯后，向同居段肃详及吴慎洛、段公武诸兄眷属辞别”[3]。“段肃详”为后人对“殷肃祥”的误录，“殷肃祥”即殷汝骊三兄殷汝熊（一八七八——一九五五），号叔祥，字肃祥。[4]“段公武”则为“殷公武”之误写，即殷汝骊的族弟殷汝劭，他与林兢同龄，与陈铭枢、蒋光鼐结伴到武昌加入黄兴的军队参加战斗。二次革命失败后，殷公武就读于“浩然庐”，后来考入东京帝国大学经济科，曾任北京政府交通部秘书、南京国民政府秘书等职。

正因为与殷家的密切关系，一九一六年九月二十二日，林兢经殷汝骊推荐，以财政部特派员身份考察新疆财政。[5]一九一六年九月二十八日，农商部发布委任令（第十六号），也任命林兢为特派员，“赴新疆考察实业”。[6]与林兢同行第一次西北考察的是湖南衡阳县人谢彬。一九一六年十月十九日，谢彬到达北京与林兢会合。十一月十一日，林兢和谢彬乘火

林競

车前往顺天，同行赴新疆。谢彬和林兢均写有日记或笔记，后来林兢以《新疆纪略》连载政学系机关刊物《中华新报》，谢彬以“新疆游记”为名出版了日记，翔实地反映了他们的考察实况。根据谢彬日记，可复原林兢的部分活动，如以六月二十六日日记为例：

> 住疏附。上午偕烈夫赴各处报谒，在县署午膳。下午偕烈夫、镜蓉至城东北隅，访耿公井。井在高阜之麓，上下二井，皆方丈余。泉自井底涌出，泡涌重重若串珠。相传东汉耿恭师行至此，拜祷而得者。男妇吸取饮水，争先恐后。新染旧服，环而聚浣，污浊垢秽，几难近观。此宜饬民修理，多辟数井，若者吸饮，若者浣物，严为区别，方无碍于卫生。井背土阜，高殆十丈，上建楼阁二层。下层三楹，中祀文昌帝君，左祀刘猛将军，右祀耿恭、班超。皆有塑像。上只一楹，崇祀奎星。凭栏遥瞩，城郊在望。城中街衢交互，廛肆纠纷，楼房层列，全疆稀有。郊外绿树成荫，良田万顷，行人往来，车龙马水。商务之繁，人烟之庶，比于省城。故自汉唐以来，为西域建庭之所，今日犹全疆命脉所系。唯是强邻逼处，种性错杂，治理之难，什伯内省，守兹土者，当如何国而忘家，公而忘私，未雨绸缪，刻意经营，勿为异族所得，固我全疆门户，斯为尚矣！入夜，彭科长送《远东报》一束来，逐一检阅。财政部以炼铜厂案，总长被押，次长逃匿。继任总长为李经羲，次长杨寿栅。交通部以买机关车案，总长褫职，以次长权量代理部务。海军部以上海造船厂案，物议沸腾。国会慎重通过对德宣战案，遂遭冒称公民围攻聚殴，纷纷逃避津沪，不能继续开会。国务员伍、张、谷、程诸君，以乱民侮辱国会，相率辞职，致段内阁摧倒于无形。种种消息，光怪陆离。长此捣乱，国基何日始得巩固耶？为之

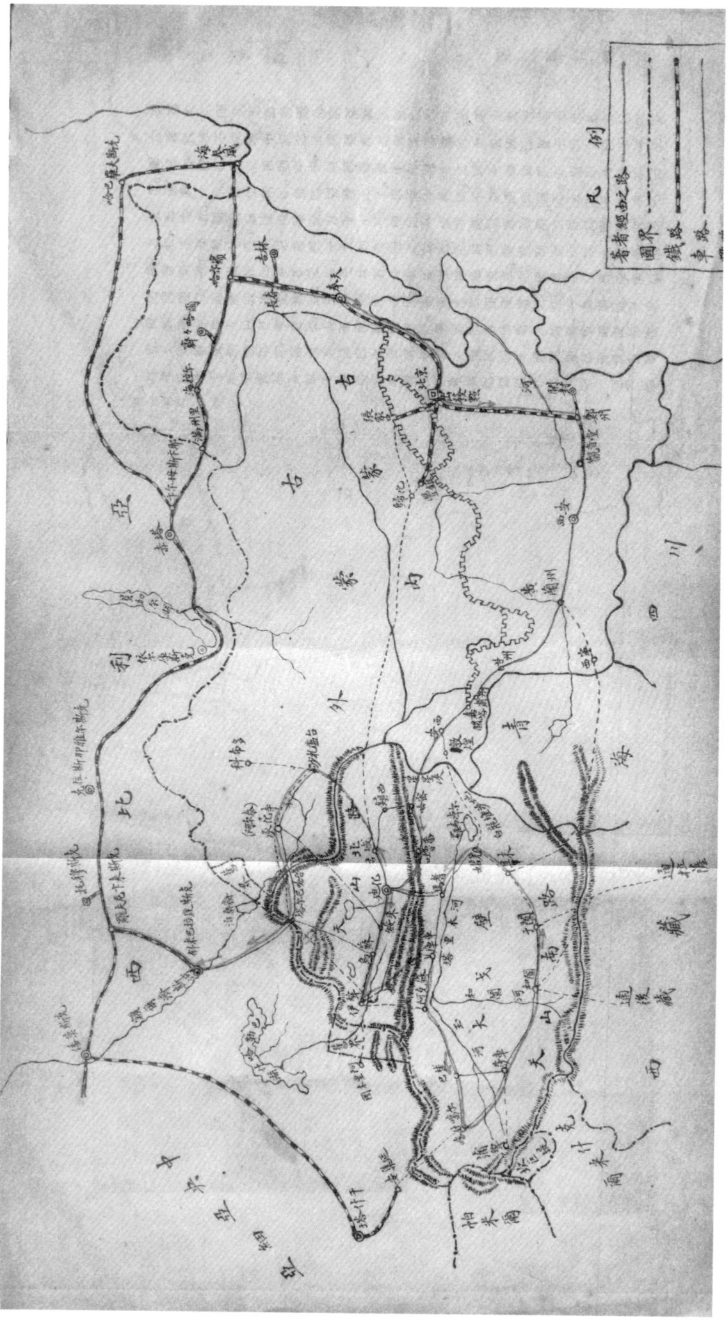

林競第一次赴西北考察路线

长叹。城中缠商，富者首推裕三、玉满两巴依，资皆数百万金。次为伊敏、沙谓、儿克木三巴依，亦各数十万金。[7]

他们作为财政部派出的调查员，关注国内外局势变化，每天活动既有调查，也有考察，还有诸多应酬，还处理各种信息。日记中也记录了财政部的重大变动，如“总长被押、次长逃匿”，是指陈锦涛受贿案，殷汝骊逃匿天津。但是政局不稳和人事变动并未影响他们的工作。林兢和谢彬返京后，根据亲身在新疆的财税调查，以日记和笔记为基础撰写《民国北京政府财政部新疆调查员有关新省财税状况的总报告》呈至北京政府财政部。林兢整理税收资料，拟写了《新疆调查员林竞等致财政部意见书》，对田赋、统税、杂税、印花、官产方面提出意见，或应加改良或应行整理的办法[8]。

民国七年（一九一八）年底，交通部聘请林兢参加京绥铁路甘新测勘路线工程队，林兢开始了第二次西北之行。出发之前，林兢经张继介绍到天津见了黄郛。黄郛与殷汝骊等人同为政学系成员。林兢记为：“余将有二次新疆之行，因张继溥泉先生之介绍，访先生于天津寓次。”[9]黄郛当时正在撰写《欧战之教训与中国之将来》，尚未脱稿，就与林兢论述世界与中国时局，并没有对林兢西北之行提出建议。但此后，林兢即以黄郛为师，尊为“先生”。

林兢从北京出发，经河北、内蒙古、宁夏、甘肃至新疆迪化，后因战乱，新疆与内地交通中断，于是取道中亚细亚、西伯利亚，经内外蒙古，回到归绥。第二次西北之行从一九一八年十一月十三日到一九一九年八月一五日，历时九个月，行程一万两千多里。林兢此行满怀壮志，关注交通、工商、财政等问题。一九一八年三月二十一日，出嘉峪关之际，面对城墙上的“出了嘉峪关，两眼泪不干”的题字，写下了一段话：

出关岂真苦事哉？余何以一行再行而不厌耶？是在个人观念如何耳。余常谓，天下有奇苦者，必有奇乐。出关固多苦事，然亦多乐事。世人苟其安于常人生活也，则不出关固无不可，否则亦何妨骑骏马，过天山，度流沙，循葱岭之墟，溯罗布之源，睥睨欧亚，钩稽古今，为人类辟一新领域，为国人筹一新出路。[10]

林兢谓“为国人筹一新出路”，就是受到黄郛政治观点的影响，产生了以“西北开发”为基础的“和平救国”方案。该思想在其友人彭镇五赠予的送别词《瑞鹤仙》可找到蛛丝马迹。彭镇五写道，“林君烈敷来甘，在湟源勾留数日，把晤甚快，因再出阳关，赋此以志别”，词曰：

陇头原是客，问家山何处，江南同籍。筹边挟鸿策，认昆仑山下，往时泥迹。匆匆又逸。算草草离愁未息，待他年剪烛西窗，再纪班生成绩。

心戚。三徐狮吼，百粤龙骧，正深墙阋，频添海舶。神州地，怎能掷？盼乘槎星使，鞭丝绒帽，早把边情缀笔。快归来大将军，和平救国。

林兢经过宁夏和甘肃，着眼于“西北开发”和“和平救国”，与上层精英人物建立并保持了较好关系。他对宁夏军队的观察相当细致，客观地揭示内部结构和运行方式。[11]回到北京后，林兢撰写的《查勘绥甘新路线意见书》《调查包头附近水陆交通情形意见书》等调查报告，均为谋划西北交通建设的重要文献。他的工商调查也得到了嘉奖。[12]此时，林兢等的西北之行已为世人所重视，成为了西北问题专家。一九二二年，他出版《西北旅行记》一书，与前次出版的《新疆纪略》成为各界了解西北的基本参考书。一九二三年，北京政府筹设西北国道筹备处，林兢为之拟定《西北国道路线计划书》。他以自己的实地考察为基础，又从国情和各地实际情况出发，力主将京绥铁路（今京包铁路北京至呼和浩特段的旧称）向西延伸，“自包头西南经宁夏，再西至凉州、甘州、肃州，出关至哈密”，“将来由凉州另筑一路至兰州，以与海兰铁路（今陇海铁路的旧称）接轨”。而且以无可辩驳的事实说明，“路线之选择，以此为宜”，有“六利”而“无一害”是：可使今河北、内蒙古、甘肃、新疆，以及“苏、豫、秦、甘各省联为一气”，“北可控新疆，南可制青海、西藏，国防愈为巩固”；有利于发展西北经济；“沿途煤矿，节节皆有，祁连山一带之森林为枕木之最好原料，物资接济容易”；有利于增进民族关系；“坦途多而险途少，无流沙之难渡”[13]。

三、入幕冯玉祥与参与甘青政务

林兢结束第二次西北之行后，十月二日到天津见黄郛，“余自新疆归，复访先生于天津”。在会谈中，黄郛指出，“今日选举，流弊极多，非加改革，必难得良好政府”。[14]一九二四年八月二十四日，黄郛与林兢再次见面时，谈及可能出现的政治变局。[15]一九二四年十月十九日，冯玉祥热河倒戈，推翻直系军阀政府，将所部改为“国民军”，二十五日，将溥仪驱逐出紫禁城，史称为“首都革命”。十月二十三日，冯玉祥找王正廷、黄郛商议组阁之事[16]，十月三十一日，以黄郛为首的“摄政内阁”成立。十一月四日，黄郛将林兢召唤到国务院，对他说“辛亥革命诸同志未竟之功，当由吾辈继之”，并嘱咐林兢在平绥铁路帮助宋良仲局长整顿路政，以为将来开发西北之用[17]。十二月十九日，黄郛与林兢登

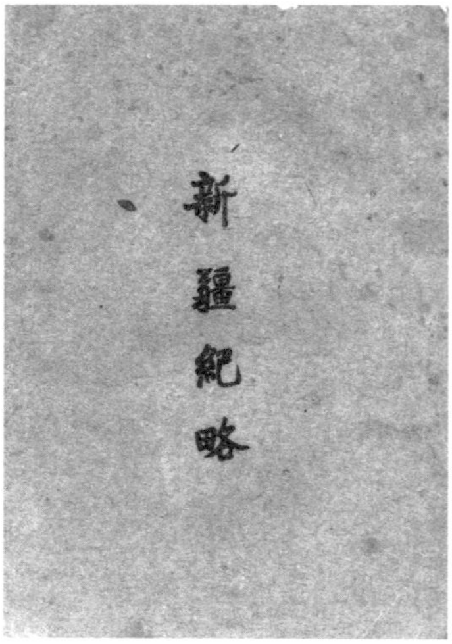

林競著作《新疆纪略》《西北丛编》

泰山见冯玉祥，当时段祺瑞有意让冯玉祥经营西北，于是黄郛介绍林兢帮助计划开发西北事宜[18]。此事在《冯玉祥日记》有记录，“十二点，黄总理同林竞来，在山上谈话”[19]。

一九二五年一月十三日，段祺瑞正式任命冯玉祥为西北边防督办，林兢成为其重要幕僚，与段其澍、梁建堂成为冯玉祥的顾问，聘为督办公署边事处处长。一月十八日，冯玉祥就与林兢商议督办公署相关事宜，“下午二点，与林竞谈人才难得，稍好者早为人用去。边防督办署，可设在北京，分署设在平地泉或包头镇”[20]。林兢在张家口协助冯玉祥谋划西北开发的过程中，与黄郛之间也频繁互通信息。二月十四日，林兢与黄郛见面，谈国民军近日进行各事之情形，林兢向黄郛请教处事方式，黄郛说：“治事固要尽心力而为之，但须看时机。武侯隆中高卧，苟非先主三顾茅庐，则后来种种事业，亦决无表现之机会。”应该说，黄郛对林兢是极为信任的，于是将“此次与冯先生合谋首都革命之动机及经过，言之甚详”。[21]此时，冯玉祥也加快对西方开发计划的讨论，“同唐先生谈，欲实行救国救民，非由西北开垦不可。当设法摄制影片话片，以招徕移民。设小票车，以运输移民。创办农民银行，贷借资本，以便利移民”，“三点，与包秘书世杰研究开垦西北办法”。[22]二月十九日，冯玉祥与王鸿一、梁建章、林竞等谈话，表达救国救民之心愿，“一、自来言救国救民者，只托诸空谈，不能见诸实行，余愿实行一二。二、余家巢县之族人，多于五十岁即死。其原因乃贫而无养所致。以此推之，中国贫民何等可怜。三、有常桂生者，与吾同时入伍，其后退伍，往包头开垦十八年，今已有牛马羊各数千头，地数百顷。吾等应将此种情形，照为电影，赴直鲁豫各省各县演映，以资宣传”。[23]三月十二日，孙中山在北京逝世，三月十七日，林兢与黄郛见面，咨询此事是否影响于本党前途，黄郛说：“国民党之精神在革新，无论何时何地，或分裂至何种田地，此种精神决不至于磨灭，或从而光大之。”并又说，“本人与中山先生相离已七八年之久，然去冬首都革命，仍民党之精神之表现也。民党有此精神，即中山先生虽死犹生也。至于无民党之精神，而欲与民党合作，亦可断其无成，此又不可不知也”。[24]此时，林兢主要帮助冯玉祥谋划“移垦”事宜。[25]

一九二五年二月，段祺瑞召开善后会议，甘宁海镇守使马麒派朱绣为青海藏族代表，赵从懿为青海蒙番宣慰使代表，吴世珍为宁海工商会代表，祁增寿为宁海农会代表，祁中道为宁海教育会代表，并以北京陆军部指定的朱霁青为青海蒙古各盟旗代表。出席时提出《开发青海意见书》，包括区划、开垦、矿务、交通、教育、军政等六项计划，请改建青海为特别行政区。由于冯玉祥被任命为西北边防督办，林兢担任了督办公署边事处处长，朱绣请林兢向冯玉祥疏通，促成马麒升任护军使。冯玉祥对马麒的请求无暇顾及，但为了拉拢青海人士，给予朱绣以督办公署参事的名头。冯玉祥命林兢到西北调查相关情况，林兢于八月十三日出发，如日记中说："西北边防督办冯玉祥，欲开发西北，略知该地情形，特派余向宁、甘、青、新各当道及社会人士先为接洽，预定路线西进。"[26]此时，朱绣在返回青海的途中，与林兢相遇于包头，晤谈极为融洽。朱绣因代表马麒处理西藏事务，一九二二年九月撰写了《西藏六十大事记》。[27]该书以编年体记述同治二年（一八六三）至一九二〇年的重要事件。他与林兢相遇包头，以该书示之，并要求林兢撰序，林兢此时对西方开发有诸多感想，就洋洋洒洒地写了长序，以示惺惺相惜之意。

林兢作为冯玉祥的代表到青海管理政务，因此马麒与西宁道尹黎丹商议后，任命林兢为西宁道尹。林兢到任后，即筹备甘肃西宁县党部，宣传三民主义，为国民军进入西宁制造舆论。一九二六年十二月二十八日，西宁县成立临时县党部，以林兢、郭任天、周希武、朱绣、杨焕和祁中道为执行委员，郭任天为常务委员。一九二七年三月，召开第二次国民党党员大会，改选后以郭任天、杨焕、赵从懿、何际时、周希武为执行委员，郭任天为常务委员，以林兢、朱绣、朱蔚真为监察委员。一九二七年七月十八日，裁西宁道，成立西宁区，林兢任行政长。林兢的部分政务活动可见之于马鹤天的《青海考察记》。

一九二七年九月十七日，林兢参与五原誓师纪念日活动：

> 早五时，西宁县长赵岷东来见，据云：昨晚接于河北（湟水北）张家寨，今晨始闻在此，急渡河来谒。因本日为冯总司令五原誓师纪念日，须于十时前赶至西宁也。盖普通行北道，昨晚因马团长预备行馆，早要于途，都渡河宿此。五时半行，一带田畴尽辟，

树木甚多。九时半至小峡，湟水为峡所束，仅宽数丈，清澄如镜，上横一桥，由此又渡河入北道矣。马营长派队迎桥于桥左，过桥有居民数家。

至距城十五里处，马护军使阁臣（马麒）、林行政长烈敷迎于郊外，架帐篷、备酒肴，颇有古代遗风。距城数里处，骑兵百数十人，步兵千余人，列队于道左。至城外，各机关科长以上，各团体代表，各学校职员，鹄立欢迎。入城，全市悬党、国旗，由县长招待，下榻于复成店。

一九二七年九月十八日晚上，马麒的欢迎宴会：

余至时，大炮三声，鼓号齐鸣，大门内有大刀队、长矛队数十人站立，二门内该署少校以上副官等十余人站立，马使躬迎于大堂外，想见前清时接见大员之威仪，惟马使谦让和蔼，毫无军人之积习，令人佩敬。席间有林竞（号烈敷）君，系研究西北问题之老同志，在北平时，同组织西北协会。有黎丹（号雨民）君，任西宁尹有年，曾编著《汉藏字典》。有朱绣（号锦屏）君，曾著《西藏六十年大事记》，亦系旧友。有周希武（号子扬）君，曾著《玉树土司调查记》，可谓同系研究西北之同志，畅谈开发青海之计划。

马麒身边的高级智囊成员如朱绣、周希武等人与林兢有高度政治共识，这是林兢在西宁顺利展开党政工作的社会基础。林兢也通过各种方式参与到了西宁社会精英的网络中去，比如民间所藏一份中华民国十六年十二月九日的陈秉彦和汪友兰的结婚证，林兢担任了证婚人角色。[28]陈、汪两家均为西宁名门，男方陈秉彦（渊）（一九〇九——一九九一），曾在筹边学校、北平华北政治大学毕业，曾任正闻通讯社西宁分社编辑、记者，《青海日报》社长兼总编。女方汪友兰（一九〇九——一九八二），早年求学西宁女子师范学校，曾任国民党甘肃省西宁临时党部指导委员、常委，在林競支持下，编辑《妇女月刊》，提倡男女平权，开了推动妇女运动的先声。

林競对自己“第三次西行”目的非常清楚，“斯行不特关系西北前途，且负有宣传三民主义之使命”。[29]一九二八年二月一日，林競为杨希尧《青海风土记》撰写序言，阐述了四层意思：第一，革命与建设是同步的，革命具有不平衡性，革命者需要实干精神，要做别人不做的事，要完成别人没有注意的工作。第二，林競鼓励大家与《青海风土记》的作者一样，投身于艰苦的环境中工作。第三，林競认为努力指向体现时代价值。他举了自己的例子现身说法，“十几年来，在各处和许多同志们天天叫喊着：‘开发西北！开发西北！’到了民国十三年以后，居然叫醒一部分人到西北来了。而开发西北的文字也就不断的见面。书馆的老板们对于此种文字想必亦不至拒人千里之外了。《青海风土记》听说是民国七年著的，在家里居然睡了好几年，一直到现在，才可可怜怜地付与西宁区公署印局去印，实未免使我有《新疆纪略》的感想！但是时代的神已经来了，文字的价值要跟着时代转了”。第四，林競表达了自己对西北开发的期待，也激励杨希尧不断努力。“请看！不到十年内地一般大爷们都把赤地刮光了，剩下一息尚存的疲弱民众们，非跟着东南风吹向西北来是不可的了。尤其是革命成功后，军队遣散的问题是非找西北来安插不可的。《青海风土记》的著者呵！你静心耐着吧！你再不断地努力向前进吧！”在这一阶段，林競的文字激情澎湃，具有强大的教化功能，说明当时的革命浪潮影响了他的思想。

林兢除了党务身份外，以西宁政务官的身份开展一系列的政务改革，其中推进最为艰难的是废除土司制度。民国初期，青海土司承袭明清以来拥有独立的司法行政权力，并拥有额定兵员。[30]此时土司权力已逐渐衰落，所属土地逐渐出卖给了周边汉民或下属土民，如调查显示，“土司等名义虽未革除，而土兵组织万无余存，且其土地畸零，人民无多，与汉杂处，习惯率同。……或以买种土司田地，或因宗族关系，遂作土司百姓”。但土司仍利用特权，“取地粮于所辖土民，坐食厚糈，专供一己之挥霍”。[31]一九二六年十月，西宁县农会会长蔡有渊向甘肃省政府呈文控告，“土司统治下的人民，大半租其土地，如农奴之地主。土司又每年借婚嫁丧祭之名，给土民任意摊派钱物，现在各县又令土民与汉民平均负担差役，不啻两种负担”。虽然以农会会长的名义提交呈文，显示了民众利益需求，但也是马麒希望借助国民革命带来的政治攻势，得以推行消除土司势力的一种举措。于是，甘肃省政府命令西宁行政长官林兢和省教育厅厅长马鹤天查明此案。对西宁各县更为深入调查后，林兢认为“土民已与汉回人民一律当差”，于是建议，“为铲除民族不平等之障碍，以期解决此案起见，一面令饬西宁县布告土民，对于国家应尽义务，今后与汉回人民一律平均负担，一面直接派员绅指导土民不再受土司之重叠压迫，以为自动请求改土归流之计划”。经由甘肃省政府核准施行，西宁县县长陈宗汉“遂将所有一切差徭，直接向土民派收”，“土民自动请求脱离土司者，不一而足”[32]。可以说，林兢此举为青海的地方行政改革提供便利，在后来调查发现，土民对一九二六年的布告，“均能津津乐道，奉为圭臬”。一九二七年，西宁也借此实施县府自治，“编设区、村，土、汉一体，无分畛域”。[33]

但就在林兢在西宁全面展开政务之际，时局产生突变，结果阻断了西北地区的改革进程。因为国民军将领赵席聘出任河州镇守使后，就采取火急办粮、催款、征兵的举措，导致地方负担集中。加以士兵缺少管束，违反回教禁忌的现象时有发生，回族不满情绪也与日俱增。马麒属下一部分主战派军官视朱绣、周希武为“内奸”“叛徒”，秘密商定在半途行刺，并密告马麟。八月四日，当朱绣、周希武一行来到老鸦峡莲花台时，遭到马麟属部军官袭击，朱绣、周希武被当场射杀，成为轰动一时的“莲花台事件”。冯玉祥为迅速平息事变，派马鸿宾回甘中、吉鸿昌等率军援甘，对反冯势力展开反击。一九二八年九月，冯玉祥提请，改宁夏行政区为宁夏省，以西宁道和青海办事长官所属地区为青海省，孙连仲、马麒、班禅额尔德尼（第九世）、黎丹、林兢为青海省政府委员，孙连仲任主席。国民政府任命林兢兼青海省民政厅厅长，林兢却辞去职位而南归，可能是朱绣、周希武等同仁被杀戮而深感痛心，也可能是对马麒等地方实力派的出尔反尔失去信心，也可能是南京国民政府成立后，国民革命形势已有变化，林兢期待新的发展机会。相比较而言，朱绣、周希武等同仁的被杀影响更大一些，林兢秉承“和平救国”的政治意图来到青海开展西北建设，结局却出乎意料。林兢在一九二八年秋南归。他到莫干山见了黄郛并相处多日，其中谈及西北之事，“（青海）归，访先生于莫干山，下榻先生家。一日与先生同坐石上，……先生以余素主张开发西北，因谓余曰：‘此事要看中央各同志及在西北有特殊势力者诚意如何而后决，未可一意猛进也。’”。[34]黄郛与蒋介石等人交往颇深，他的话意味深远，点出了林兢在西北地区的“一意猛进”，可能遭致中央与地方双重夹击，陷入危险境地。

四、重赴甘肃与卷入“教育惨案”

一九二八年十一月十七日，林兢在上海见黄郛。黄郛说：“在今日党治之下，国人不应再有政治之结合，惟彼此操行智识宗旨相近者，则应互相连络，观摩砥砺 。”[35]林兢面对不稳定的政治局面，闲居沪上，以闲谈西北为趣事，如邹韬奋写道：

> 友人林烈敷君生平志在提倡开发西北，到过青海、新疆、甘肃等处多年，最近由西北回到上海，许多朋友因为他对于那几处的习俗情形非常熟悉，和他大谈，新奇有趣，好像读《西游记》！他讲到青海，有几句说：“青海地方男多于女，一个女子同时有几个丈夫，她每夜高兴与那一个丈夫睡觉，就发出阃令随意吩咐，受令的唯命是听，不敢或违，可以说是男权扫地！所以我们寻常提倡女权，到那个地方去，非提倡男权不可。”[36]

一九二九年，蒋、冯结束了合作北伐开展国民革命的蜜月期，在军事政治的政策上出现意见裂痕。林和黄处在政治夹缝中，只能以退为进。一九三〇年十月十八日，林兢到上海祁齐路寓所见黄郛，蒋介石与冯玉祥的中原大战已经发生，于是黄郛说：“近日各军领袖之破裂，皆系魔语多而佛音少。即以蒋冯论，蒋固愿与冯合作，而冯一再以死力促革命之成功。且又亲自到京，居住甚久，虽心喜直言，究比不负责任旁观者不同，其努力望治，何尝不如人。乃不幸奔走于蒋冯之间者，未肯抱息事宁人之怀，作怯疑除嫌之语，反而媒孽离间，引起误会，以致不可收拾，思之可叹。”[37]

此时，社会各界已逐渐注意到西北开发的重要性，一九二九年十二月二十五日，国民政府委员兼考试院院长戴季陶在接见赴西北工作人员时就曾言：“环顾全国情况，尤以西北建设为最重要，实在关系我们国民革命的前途。”[38]林兢作为西北问题的专家，得到不少人请教，其地位也愈发得到重视，正如当时记者描述的，“先生寓居淞云，不与世角逐，而与寄情塞外、怀抱壮志者往来甚密”。在局势的推动之下，林兢的西北雄心保持在勃发态势之中。他在《西北丛编》日记的小引中有所表述：“鞭丝帽影，阳关唱再叠之音；车腹马腰，玉塞壮生还之语。从来志士，最好探奇；毕竟畸人，每驱绝漠。慨自连烽告急，中原兴心腹之忧；宝蕴未宣，世界起刀砧之想。不事搜讨，奚得穷源？若畏崎岖，何来真相；仆也有类班生投笔之行，非应汉武求贤之诏。玉门再度，葱岭斯登，追博望之旧踪，循长春之陈迹。芜词满箧，热泪盈怀，爰作纪游之篇，聊效识途之献。至若丰功伟烈，窃有顾影自惭者矣。”[39]虽然他在小引中自谦，“丰功伟烈，窃有顾影自惭”，但对西北考察抱有充分的信心，“不事搜讨，奚得穷源；若畏崎岖，何来真相”，认为自己的所作所为才是报国正途。此后，他参与组织与西北有关的学会，撰写相关论著表达思想，《西北丛编》自序完整地阐述了他的西北观念：

> 一、国人须认明西北之政治经济地位，均具有牵动世界之价值，差可比拟于已往之巴耳干，而重要又过于现在之东三省。前途吉凶休咎，虽听命世界大势之所趋，而明辨机微，取决从违，完全由吾之自主。
>
> 二、根据上文之情势，则西北者乃全国之西北，亦即世界之西北。故国人应以全国之资力才力，从事于经营，并应在外交上尽力避免国际上之冲突；而于经济方面，则诚意予各国有善意投资之机会。
>
> 三、西北天府，乃全国未来之生产泉源。而在目前则榛莽未开，交通不便，政治经济均无从表现其能力。故无论何人当西北之局，应认定自己乃系“全国未来之生产泉源”之看护者。理宜别具心胸，特加珍视，万不可以此为个人地盘，作政治竞争之工具，以

致徒害于国，无益于私。在他方亦应充分了解，不以为攻击之点，保留一分元气，为国人留一啖饭之地。

四、西北种族宗教极为复杂，自满清以来，均利用其彼此倾轧，以肆操纵之术。及其弊也，易发难收，终归糜烂。此后应绝对本民族共存共荣之旨，施无偏无私之政，以达化除畛域之境。

五、西北交通不便，人民习于故常。故凡更张制度，改革风俗，必须采取渐进手段，以免引起惊扰，而生波澜。

六、寻常眼光，多以西北气候乃极寒冷，其实有炎热逾于广东，而温和同于江浙者。物质生活，寻常多以为极简陋，而接近英俄之地，则繁华亦有同于内地各商埠者。一般人民虽近古朴，亦有灵巧活泼，可与东南抗衡者。河流大都浅急，亦有深缓足以行轮者。均未可一概论，是在有心者之能实地探讨耳。

七、内地各省，人满为患，地力将尽，复因不平等条约重重束缚，处处予我以阻力，再则社会上亦多各种恶势办，根深蒂固，不易摧灭。故虽有善良制度与政策，施行极感困难。此为深知政治内幕者所洞悉而亦最痛心疾首者也。惟西北各省区情形，则大不然。犹如璞玉素笺，任吾刻画。理想世界，黄金政治，均可随时日而收功，非同内地之烦杂也。吾愿世之具班、张、赵、霍之才者，毋为鸡鹜得失之争，大彻大悟，相率投荒，共作千秋万世之业，某虽为之执鞭是所愿也。[40]

一九三一年，马麒代理青海省主席，重组教育厅，拟任命林兢为青海省教育厅厅长，但林兢仍予以推辞，就该事曾致函同乡黄光[41]。林兢此时关注组织西北学会等事务。一九三一年五月十日，新亚细亚学会在南京考试院召开成立大会，林兢担任大会主席。会员最多时达二百余人，“一时四方贤士专家学者，加入为会员者，极为踊跃，尤以边地人士为多”。戴季陶、张继、马福祥、克兴额、格桑泽仁等政治人物为会员，马鹤天、任乃强、华企云、方保汉、刘家驹等学者是学会的组织者和杂志的撰稿人。《新亚细亚》创刊号上刊登孙中山大亚洲主义演讲，就象征三民主义是他们的指导思想，撰稿人主要是与国民党有直接或间接关系的人物，其中以国民党“右派”为主流。从某种程度上，《新亚细亚》带有浓厚的官方色彩，包含了国民政府为国家建设而提出的政策和付出的努力。[42]

一九三一年八月二十五日，冯玉祥指使驻防兰州的师长雷中田发动军事政变，扣留了南京国民政府任命的甘肃省主席马鸿宾，宣布成立“临时省政府”。而被北伐军打败后蛰居四川的吴佩孚也乘乱入甘，企图东山再起。蒋介石一面分化发动政变者，一面急令杨虎城派陕军入甘。一九三一年十二月，杨虎城所部将领孙蔚如率军进入兰州，被任命为甘肃宣慰使。蒋介石为了防止杨虎城势力扩大，一九三二年一月三十日，国民政府行政院第七次会议决议甘肃省政府应予改组，除已任命邵力子为委员兼主席、贺耀祖为委员外，其原任各委员及兼厅长应免兼各职，另请任孙尉如、马鸿宾、邓宝珊、林竸、谭克敏、刘汝瑶、水梓为甘肃省政府委员，并以林竸兼民政厅厅长，谭克敏兼财政厅厅长，刘汝瑶兼实业厅厅长，水梓兼教育厅厅长。[43]邵力子等五月六日到兰州通电就职，也引发了军队与民政的明争暗斗，林兢就此再入甘肃。军事动荡使得甘肃社会局面极为糟糕，林兢在一九三二年六月二十三日由甘肃临夏航空快邮给《申报月刊》文章，名为“甘肃最近之情况”，揭示了军事带来财政困难与社会混乱：

> 承询此间最近状况，两言可答，即饥军遍地，土匪如毛是也！问军何以饥？因民穷财尽，无法再事敲剥也。问何必问饥军？因土匪如毛，非此不足以维持也。问土匪何以如毛？因饥军遍地，不能

安于营伍，相率哗变也。问人何以愿为饥军？负担太重，不能安于农村，为军虽饥，尚不至于死，不为军势必婉转呻吟，渐就死途也。现在全省收入连同鸦片税，不过八百万，而军费达七十余万。行政经费不知所从出，办公人员半年来仅发月有余，且薪水微薄，亦殊骇人听闻。民厅科长只发五十元。似此情形，尚何敢侈言建设？[44]。

林兢所言的八百万，为一九三〇年的财政收入。邵力子等人主持甘肃工作，恰是一九三一年、一九三二年的财政收入低谷。与此同时，军费支出不止七十万，都在百分之五十以上，一九三二年甚至达到了百分之七十以上[45]，“军阀割据之地，历年横征暴敛，惟供内战消耗”。[46]甘肃省主席邵力子哀叹：

并非甘肃省政府不重视教育与建设，实在是无款可发。现在西北困苦的情形，决非东南人所能意想到，关于财政不敷，自不用说，实际就无所谓收支，只有纸面上的拨付。即是拨款办法，自然只有军队还能提到款项，别的机关，往往守提数月，还是无着，而因民穷财尽的结果，就是军队也不容易全数提到。拨款办法不能废止，绝对谈不到政治的改革与军事的整理。但要废止拨款的办法，没有相当准备的款项是不行的。现在各县县长，每日应付拨款的事，已是不了。每个县政府，常有五六批提款委员，带了武装士兵坐索。但是县政府本身当然没有钱，只有从老百姓身上压榨，而老百姓到了什么也没有的时候，就只有逃跑了事。现在有许多地方，人口日渐减少，土地尽就荒芜，其原因都在于此。现在讲西北问题的，多注意于垦荒，或移民；试问原有的人民，都要逃亡，何能讲移民？原有的土地，都就荒芜，何能讲垦荒？[47]

林兢出任甘肃省民政厅厅长后，抱着“不作为”想法而行事：“省政府当局不作升官发财之想，绝对以和平忍让为宗旨，虽不能起死回生，当不至变本加厉耳。”[48]“和平忍让”在此困难局势下是难以维持的，事态终究会被激化。一九三二年十一月，甘肃学院青年教师发动七所大、中学学校的教师开展“罢教索薪”运动，谭克敏被免职。举行罢教索薪运动之际，甘肃学院学生为中山医院作为实习医院问题举行示威游行。起因是原甘肃学院成立时设有医学专科，但没有实习医院，甘肃学院与省政府协商确定，中山医院由甘肃省民政厅转交甘肃学院管理，以供实习。林兢到任之后，不同意此案，仍将中山医院收为国有。甘肃学院学生举行示威游行，高呼“打倒林竞”，张贴标语传单，抨击林兢的卖官鬻爵，任人唯亲等事项。邵力子为了平息学生运动，将中山医院改为甘肃省实习医院。学生游行抨击的“卖官鬻爵”未必是事实，但林兢受人之托为其谋职应有其事。现今披露的两份有关联的信函可为佐证：

鸿汀我兄惠鉴：

昨叶君铭勋来，捧读手教，雅意殷勤，深以故人子弟为嘱，具佩古谊，遵已委任玉门县公安局长。虽阳关西上，未免稍远，而男儿志在四方，亦可借以周览山川厄塞，未必无补于学识耳。祈先函达镜元兄释念为幸，手此布复。

即颂

道祺

弟林兢手上

十、十三（一九三二年）

再启者：正封函间，倪君志礼送来手书，敬悉一是。贵门生人甚稳练，且经审查合格，自应设法，惟一时尚无相当机会，请稍假时日，徐图报命，何如？此复，再颂

刻安

弟兢又及[49]

“鸿汀”为甘肃名士张维，第一届国会众议院议员，曾任甘肃省政务厅厅长、建设厅厅长。“镜元兄”即“叶蓉”，信中“叶铭勋”之父，山西闻喜人，曾任冯玉祥秘书，一九二八年任甘肃省政府委员兼民政厅厅长。他们均为林兢旧友，此时委托林兢为儿子、门生谋职，林兢的答复是“审查合格，自应设法”，其中安排叶铭勋到玉门关任职，路途较为遥远，林兢则认为，“男儿志在四方，亦可藉以周览山川厄塞，未必无补于学识。”但此番安排显然未能满足叶蓉心愿，他在一九三三年一月六日给张维写了一封信，除了倾诉自己生活困境之外，对林兢有所抱怨。[50]叶蓉希望林兢，“为芳岩谋一稍优县缺，为启勋谋一相当征收税务事宜，或因机会所使俱得县缺，或俱收税务亦无不可”。其实这是让林兢相当为难之事，也许委任“叶启勋”为玉门县公安局长，已是教育界的抨击事实。

兰州教育界罢教索薪运动在国内颇有反响，被媒体称之为“教育惨案”，甘籍在京学生组织“甘肃留平学生为兰州教育惨案后援会”，发表宣言，号召省外支持。一九三三年一月十五日出版《独立评论》刊登一份署名“李行之”写给胡适的来信——《兰州的教育惨案与开发西北》（一九三二年一二月二十八日）：

在一月以前，兰州教育界不是发生了惨案么？经过的情形，平津各报曾有很详悉的登载，以先生之留心时事，关怀教育，或早

已浏览及之。我测想先生定能抽些闲空，本着独立不依的精神，把这事评论一下，为边省教育有个新设计，为兰州被难的教界同仁有所慰藉。……既是要决心“开发西北”，将开垦荒地或开采矿产，以发展实业乎？抑开导文盲，启发人文乎？总该缜密计划，拟定策略，“为事择人”，委派专家到西北去开发；万不该随随便便“为人谋事”，私遣利欲熏心者开西北的金窖而大发其财源也。……自“开发西北”之论起，我们西北人最不好说话：说我们自己开发吧，轻则便妄加以“愚而好自用”的恶谥；重则恐怕还要犯“违抗中央命令”的罪名。若奉请外省人去开发吧，一则恐怕请不到专家，二则恐怕“人生地疏”，利未兴而弊随之。……盖西北各省，苟有发展的环境，固不乏建设人才也。这也并不是“夜郎自大”，如谭克敏升了官，擢引贵州小学毕业生充当甘肃财厅秘书，只可说个“遇”“不遇”，并无所谓“才”“不才”——除非贵州人都是“天纵之圣”，甘肃人尽是“天生奴才”。……

这封信在一定程度上代表了民众呼声，他们对外来的“开发西北”有所不满，产生了具有地方主义色彩的抵触情绪，结果导致林兢西北政务活动的再次失败。

五、“侵吞公款”的弹劾风波

林兢回到南京后，留平甘肃人士李建国以“卖官鬻爵，侵吞公款”等事向监察院提出控告。监察院监察委员周利生向甘肃高等法院查明事由，并调阅蚨丰永商号存款底账，确认商号有以“林妙音”名义的存款八千九百七十元，每月一分二厘行息，除陆续取用外，尚亏空七千七百九十元，于是以“侵吞公款”提请弹劾：

> 查甘肃前民政厅厅长林兢迭被该省民众控其卖官鬻爵，侵吞公款等情到院，当经本院函请甘肃高等法院，就近查明具覆去后。兹据该院呈覆，略称“卖官鬻爵”一节，无从获得证据。至该厅长以其幼女妙音名义存放公款于蚨丰永一层，确有其事。且查蚨丰永经理刘俊光在高等法院供词谓，“当蚨丰永倒闭时，民厅视察员王文萱曾将存折上‘林妙音’改为‘林烈敷’，又在账上批‘民政汇款’四字。后来徐主任又叫我补具证明，改‘林妙音’为‘林兢’，我不敢再改，便把我送到兰皋县押起”云云。显见该厅长初则欲以公款化为私款，后来存款之店倒闭，又将私款指为公款，似此图利自己，损害公家，非惟有玷官箴，而且触犯刑章。特此依法提出弹劾，请将该前厅现任国府参事林兢移付惩戒，以儆贪污，并重公布。[51]

监察院接到弹劾文，认为“该厅长在蚨丰永商号之存款，即令果系赈款，自应随到随放，何得发商生息至数月之久，此层已属违法”，又委派监察委员王平政、杜羲、胡伯岳审查确认。经过再次调查，他们认为这笔钱属于私人存款，是林兢因钱庄破产，将款项指认为“赈款”而转移损失，“该项存款系用林妙音名义，旋改为林烈敷，继欲改为林兢，并已陆续取用千余元，其为该厅长私人存款，情节显然。及至蚨丰永商号倒闭，始强指为赈款，意在使公家受损害，而个人图侵占，实属触犯刑章”[52]。弹劾案由监察院呈请国民政府移付政务官惩戒委员会。政务官惩戒委员会听取了林兢申辩，认定这是公款私存的过错，但事出有因，即甘肃“多有用私人名义存储公款之习惯”，而且“此存款名义并非本案当事人自定（由该厅会计主任往蚨丰永存款时所立之户名），当其知道该主任以其女儿名义存此赈款，曾以为不妥，嘱其更改”。甘肃高等法院查复也称，“商号经理刘俊光供称，林妙音存款是由民政厅会计主任徐益仁经手，系甘肃省府发交民厅之赈款，凭林厅长条子取款是实”。[53]“林妙音”被开户为存款户头，并非偶然，林兢当时是携眷而行，同僚也知道其姓名。[54]

该案件关键在于赈款是否被林兢侵占？为什么不是即收即赈，而是存放商号取息？林兢申辩称：“甘肃自民国十七年汉回民族发生惨杀，流落他邑者，为数颇多，彼此猜忌，不敢上庄（上庄即归家之意）。兢奉派兼任洮西绥辑专员，专事招抚。因难民流散各方，远近不同，上庄迟速，自不一家，故所有赈款，不能一次散尽，与其他水旱灾荒散放急赈者性质不同，存商实为慎重保存之意。”其顶头上司，原甘肃省政府主席邵力子出具证明确认了林兢的说辞，谓“蚨丰永商号所存赈款，确系救济洮西各县难民上庄之用，不能于领到后全数散放，应俟各县就难民陆续上庄实况，请领转发，故暂时存储商号，实有必要。至对于赈款数目，曾由该厅长口头报告，确有该商号存在在内，在该商号未倒以前，该厅秘书翁柽曾有报告”。政务官惩戒委员会根据各方证词，认为林兢并未侵占这笔赈款，“虽公款以私人名义存储，固不能认为正当，惟此存款名义，既原非该被付惩戒人所自定，并曾以为未妥，嘱令该会计主任便中更改，而该省官厅又多用私人名义存储公款之习惯，复核与该蚨丰永号经理刘俊光呈报各节，尚属相符，亦难谓有意图侵占之嫌”，于是做出“应不受惩戒”的决议。[55]

弹劾案涉及的赈款之所以不同于普通赈款，是赈款用于绥辑招抚洮西难民。“洮西难民”也称为“临潭难民”，这是林兢出任民政厅曾着手要解决的民族矛盾。产生“临潭难民”的社会根源来自西北地方势力的相互倾轧。前文已叙，一九二八年春，马仲英在河湟起事，刘郁芬以“临岷屏蔽于西南”，就任命土司杨积庆为洮岷路保安司令，其长子杨少余为副司令，管辖藏族兵三团。杨积庆藏名为罗桑丹增南杰道吉，为卓尼土司，其管辖地域为今天的大半个甘南，号称“四十八旗”。民国废除土司制度前，属民五百二十部，一万一千五百六十九户，五万三千三百三十八口，士兵两千名。杨土司控制了卓尼寺（清代赐名为“禅定寺”），形成了“兄为土司，弟为僧纲”统治结构，对属民实行政教合一的统治。四月十二日，杨积庆带领藏兵在土门关与马仲英遭遇，结果不敌。杨积庆担心马仲英报复，就向其求和，马仲英委任其为南路司令。十月二十四日，马仲英被赵席聘击溃后，由临夏败走临潭旧城，召集回民上层及其部下说，“我们是反对国民军的，和汉、藏民无关”。马仲英军队在临潭旧城驻扎了四天，就开拔到岷县，经过洮河时，杨积庆奉刘郁芬命令，予以阻击。于是马仲英部炮击禅定寺大经堂、堪布宫馆、土司衙门，并纵容士兵抢掠藏民村庄，杀死僧侣。十一月二十六日，马廷贤又带着眷属金银及残部数十人从临夏败走临潭，杨积庆率领藏兵到夏河土木关截击马廷贤部，虏获马廷贤的妻妾。马廷贤到岷县向马仲英求助，借其兵力重返林堂，大肆掠夺。再次烧毁密宗续部学院经堂及上印经院和《丹珠经》印版。十二月底，西北军吉鸿昌和冯定邦部开赴临潭，马仲英和马廷贤北退夏河。一九二九年二月初，杨积庆借势在长川一带对回民聚集区进行报复性烧杀。一九二九年农历四月廿二日，老教回民马尕西顺因儿子被西北军处死，倡议动乱。杨积庆就率领藏兵“扎营山头要隘”，五月初十日，康乐的张彦明、黄占彪等带领五百多人来旧城攻打杨积庆，杨败退。五月十四日，马尕西顺占据新城。五月十七日，马尕西顺率部来卓尼烧杀。五月二十日，国民军调李松昆击败马尕西顺，杨积庆、魏锡周等率藏汉民团成绩城内烧杀截击，死伤达二千余人。经过此番战乱，宁定、临夏、临潭、和政、永靖等县约两万名回汉难民长期流落岷县、渭源、洮沙、夏河、皋兰、陇西、漳县、甘谷、通渭等地。

一九二九年七月，河州难民要求马麟和国民军第二十五师师长戴靖宇解决安身之所，临夏镇守使赵席聘和西北军师长戴靖宇认为行迹可疑，就动员他们回临潭，并上报甘肃省主席孙连仲。孙连仲命令戴靖宇电告杨积庆，准许难民回庄。杨积庆回电说难民中藏有土匪，如果上庄，汉藏安全就没有保障。戴靖宇复电，“上庄人中检查出年轻力壮、行迹可疑者，可处以极刑”。于是杨积庆便与县长魏锡周，汉民士绅夏雨畲、宋国屏、王得才、王麻子等在临潭新城密谋灭回会议。当时，一部分回民不愿意回临潭，杨积庆派其部下与西道堂的马寿山联系，由他到临夏动员。七月初，流落河州难民两万余人按照村庄发给的良民旗八十九面，各持护照上庄。八月十三日，杨积庆和临潭县长魏锡周密谋处置回民，命令回民集中在旧城西门外，听候点名，欺骗老幼妇女住在城内，青壮男子住在城外。青壮年出南门后一律枪杀，埋于十八处万人坑，后来甘肃省民政厅王应瑜调查，被杀者一万六千八百零六人。[56]一部分回新城的回民走到太平寨，也被民团团长冯生哥截杀。[57]

经过此番劫难，临潭难民的上庄归家一直受到杨积庆等人的阻挠。一九三二年，难民上告到兰州的甘肃省政府，要求予以解决。对于西北地区的民族矛盾，林兢有自己的见解，在第二次西北之行抵达兰州时，对同治“回乱”导致民族对立或歧视发表了看法，“回民本积恨于政府，与汉人原无仇恨。乃因彼此智识幼稚，互相误会，引起仇杀。此种现象，实为国家之大不幸。故有心世道者，必须共同负担其解释误会之任务，以免再种祸根，挽回天意。倘无端以轻薄之意，现于文字之间，如于回傍加犬之类，是徒引起人之反感而已”。[58]在与地方人士讨论“光绪之乱”时，阐述了自己的看法。他认为这些矛盾并不是由于种族、宗教之间的差异而产生，而是政府处置不当或地方利益集团的挑拨而爆发。

> 回教中自己分门别类，有旧教焉，有新教焉，有新新教焉，有再再新焉。新旧不同，遂起仇视。阿浑（回教之传教师）推波助澜，往往因扩充本人之权利，遂不惜煽动其教徒，杀灭异族。地方官为治安计，不得不派官兵剿办，官兵既不能熟辨其教派之内容，自难判别其是非，往往一致斩除，玉石不分，引起反感，于是回与回联，而与官兵抗，此谓官回之争可，谓之回汉之争，则不可也。然官与兵，则汉人多而回人少，此易引起误会者（一）也。
>
> 回民既抗官，地方因之糜烂，受其殃者，则多无教之民。或回教以外之民，要皆以汉民为最多，汉民为自卫计，不得不请求官兵，或创办团练，以团防卫，于是叛乱者遂迁恨于汉民，恣意杀戮，而汉民亦筹以报复之方，彼此惨杀，一往一复，祸患之烈，不忍殚述，此谓之民匪之争则可，谓之回汉之争，则不可也。盖攻匪者汉、蒙、满、土、藏各族之人而外，各地良回尽多共同合作，且匪徒之中，亦未尝无回教以外之人参杂其中也。然而匪以回教徒为多，而攻匪者，以汉人为主，此易引起误会者（二）也。[59]

林兢认为回族内部、回汉、回藏的矛盾都因误会形成，希望能借助机会化解长期积怨。他对卓尼杨土司的家世来源也有较为深刻的认识，第二次西北之行在兰州阅读《辛卯侍行记》时，也曾做过笔记：“河州、洮、岷、西宁之间，前明土司甚多，其小弱者，辙割地以鬻强者。承报袭职，向有部费，贫不能养，遂不请袭，日渐式微，大半无可稽考。最著名平番王土司，贵而贫；洮州土司，富而强。杨所居在卓尼滏，并由众土司，兼及四川松潘境，隐然千里之国。土民或欲读书，必多方阻扰之，鱼肉其民，莫敢控告。地僻官远，驾驭甚难，盖旧章待土司宽厚，而不料土民之困于水火也。”[60]

一九三二年六月，“临潭难民”上告后，林兢认为可借机削弱杨土司的暴虐行为，于是以民政厅厅长身份担任洮西绥辑专员，招抚难民上庄。他命令所属各县转示各区村长调查流民，由县政府及当地驻军协同办理上庄护照，发给以资。对已种待收田亩及与佣工租者，待秋末登场手续清结后迅速上庄。林兢在六七月间向省政府申请两次赈济拨款，一共以三万元款项资助各县难民上庄，大口每人银一元，小口每人银零点五元。规定发放办法为：由区公所查明登记名册，呈报县政府或设治局，发款取保结。如领款后又逃亡，由保人负责。临潭的西道堂为了排解内部群众的不满情绪，并希望取得老教谅解，达成新旧教派的和睦，设立了难民招待所，借支钱粮协助难民上庄。七月，在林兢的推动下，甘肃省政府委员会颁布《招抚难民上庄蠲免徭赋办法》：“上庄难民不惟钱粮一律豁免，即军差杂款地方头人亦不得摊派”；“上庄难民在二十一年七月以前所欠之粮草杂款项一并豁免”；“上庄难民无论汉回，对于蠲免徭赋一事应受同等待遇”。[61]

六、《西陲游画册》与西北情怀

一九三三年，林兢回到南京担任国民政府文官处参事，后又曾跟随黄绍竑赴内蒙古调查自治[62]，一九三四年担任新疆建设计划委员会委员，但是没有再进入甘肃与青海地区。林兢壮志未酬的遗憾，黄郛太太沈亦云在回忆录中也有描述：

林烈敷（兢）从西北旅行归来，他是江南青年中第一个有志于西北，只身游新疆的人。除他的《新疆旅行记》，还带回他的一匹马“昆仑”。后来他不得已必须卖马，希望保留“昆仑”名字，膺白亦照议接受。像林君这样志愿，我如今看美国西部拓荒影片，如果在美国，不是为国家开疆辟土，亦可为个人发财致富。膺白有机会总想助成这种志愿，无奈除开英雄主义率师远征，很少有人注意到边疆民族和社会的人。……膺白曾经介绍林君于冯玉祥，开发西北，惜因时势未能久于其事。中国像这样少年有志而忽忽老去的人不知多少！[63]

甘肃回来后，林兢已届四十岁，面对岁月无常，写下的《四十自述》充满疑惑：

浮生四十寻常事，丧乱犹存亦觉奇。
万里征途劳马迹，一肩行稿费人思。
边云莽荡非无策，国事阽危叹不支。
却羡世尊修六度，由来忍辱最堪持。
平生多少艰难事，堕地片遭国难丛。甲午中日之战，余堕地
五月蛮烟归岭表，三年氈雪忆湟中。
锄奸未逮心犹壮，除害无功道岂穷？
眼看横流澌八极，可能赤手挽颓风？

林兢在四十岁之际是否举行祝寿活动，现不得而言，辛亥老人李啸风撰《林烈夫四十生日作诗自寿，并以所绘〈还我河山图〉见示，依韵奉和》，有可能举行了朋友的集会。时值一九三一年“九一八”事变后，林兢绘《还我河山图》表达心中意愿，李啸风则指其大有可为的前途，“倘

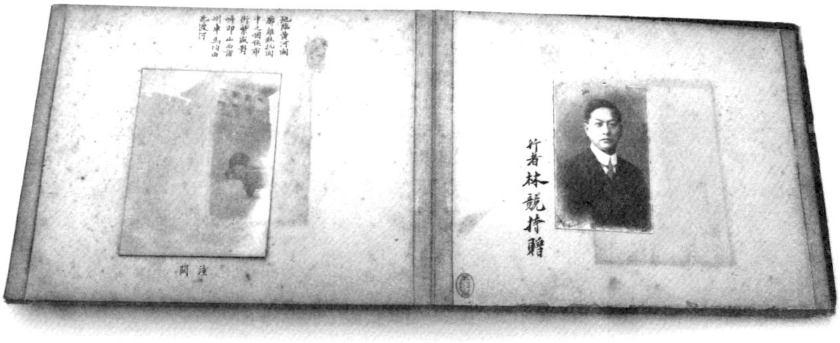

林競西北考察相册

得渡辽筹壮志，一尊浊酒为君持”。[64]林兢将《四十自述》赠送给亲朋好友，也发表在公开刊物，亲友也因此而应和。平阳刘绍宽写了《和林烈夫四十自述次韵》，指出国家尚在危难之中，勉励林兢“揽辔正当强仕岁，还应破浪籍长风”。同为平阳乡贤的王理孚也撰诗应和，题为“林烈敷以手绘东北四省略图之片纸，附印自述七律二首寄示，和韵答之”，表达了与刘绍宽相同的看法。[65]

《四十自述》只是一个节点的自我感喟与社会应答。林兢爱好摄影，留有不少西行的照片，原来设想在《西北丛编》中展现一百五十幅照片。那么在林兢的余生中，相册成为他与亲友回味西北之行的载体。从目前情况看，林兢整理出来与人共享的影集并不止一份。目前能见到实物的是被学者命名为《西北考察相册》的册子，现存三十九张，流失两张[66]，这份相册主要是林兢第二次西行所拍摄的照片，后来赠送给了友人王剑南，得以保存至今而流入古籍市场。根据各种史料勾陈，因为相册无名，亲友往往自行命名而撰诗，相册在民国时期具有不同称谓，诸如《西陲纪录画册》（黄炎培）、《西陲游画册》（王用宾）、《西陲纪游图》（梁寒操）、《西北游程画册》（叶恭绰）、《西游画册》（苏渊雷）、《西陲纪游画册》（伍叔傥）等。这些诗文的体例各有不同，有的写意抒情，如苏渊雷的《〈西游画册〉林烈敷属题》就是此体例。[67]黄炎培在一九三八年一月六日为相册写了一首诗，颇有塞上诗歌之气概。由于当时日军已攻占北京和南京，国土沦陷，人民处于流离失所之际，诗歌有悲凉之感。[68]黄炎培借林兢的相册而发感慨，意在指责当时诸多官员的“空谈误国”和“无所作为”，主题在于“忽忽二十年，朝野空断断。胡为左右袒，毋乃私其群。自兹谈西北，国论滋益纷。怯者畏蛇蝎，昵者中酒醺。国策之不立，迎拒两何云”。任可澄的《题林烈敷〈西陲记游画册〉》也有同样意图。[69]

图像作品是林兢的情感载体，成为遐想西北的意象符号，蕴含的心态与感受相当复杂。与此同时，相册在展现之际，共享对象有所不同，产生共鸣也有所差别，这些流动性情感与林兢的内心世界是否对应，由于史料缺失，一时难以复原，也无从检验。在现存文献中，叶恭绰的《题林烈敷（兢）西北游程画册》颇有趣味，它为我们理解相册与林兢的关系提供了另一种可能性。叶恭绰的诗只是一首七律，其中充满佛理与禅意：

平生边琐经千虑，付汝忧虞一册开。
心力倘销无量劫，时艰终系不凡材。
屠龙东海藏身后，立马昆仑展足纔。
好挈阎浮归掌握，华严楼阁绝氛埃。[70]

有意思的是，叶恭绰为这首诗却写了长序，意味深远。民国初年，叶恭绰任职于财政部与交通部，时值林兢第一次和第二次西北之行，他对林兢的才华有较深的了解，认为林兢对西北开发具有独特见解："余十五年前识烈敷，即缘读其西北游记，访而与谈，以为国家大势，终系西陲。东南民力将竭，东北犄角之局不可久恃。如速为布局，以河湟为基，关陇为辅，进战退守，皆有可凭。或且西出突厥，南通波斯、天竺，扼昆仑之脊，以左提右挈，所谓亚洲自决，或将缘是实现。"在交谈之中，他了解林兢的秉性与大志，由此产生惺惺相惜之感，"其时，烈敷固年事方少，抵掌促膝，意气不可一世。余亦视天下事应有可为，班超、赵充国亦犹人耳"。他感到遗憾的是，时局多变压制了林兢才华的施展，虽然参与西北地区青海边事和甘肃省政，但均未能实现抱负，"为时未几，剧变迭生，烈敷虽任边事，参省政，未得发舒"。叶恭绰认为"未得发舒"未免不是人生之幸事，"余则绚烂久归平淡，见枯基败著，方以未执其咎为幸"。

这是一种无可奈何的境地，虽然有时心中未免有所不满，但只要良心无愧即可，“偶索心涉思，焦愤盈胸，究亦徒留印影。深宵平旦，余此未泯之良以自证，其无可奈何而已，于事实曾有何涉？”。他对当时谋划西北开发的人不以为然，认为没有恒心与毅力，没有估计存在的困难，“谋议者则方始哗言向西北去，不知三年蒿艾，一点成蝇，谈何容易”。尤其对他们忽视前人教训表示不满，“又似以道谋不遂，视同堕甑”。叶恭绰感知了一种失落的人生，“呜呼！与人家国，固若是之易也耶。愁肠九断，谁是解人，忍与终古，久不获一倾吐，即吾挚爱之烈敷，亦不恒相见，以徒增烦怫”。面对相册，叶恭绰心情颇为矛盾，岁月将逝，江山改色，人生痕迹何在？以致迟迟未能下笔。但如果不留痕迹，又未免是一种遗憾，“前以此册属题，久置案头。思吾与烈敷相识一段因缘，不应漫与以辜此好题目，致迄未下笔。而河山易色，册中所绘似变，将随岁月以俱去，遂益无可言。烈敷乃屡督过之，期终留痕迹于此册内”。叶恭绰认为林兢能理解其矛盾心情，“烈敷其知余之心意，已远于难言说拟议之境也”。因此以隐晦的方式表达自己的感受，“既终无可辞，乃姑赋一律，以隐栝其可言者。其诸不尽，且待他日，或有握手掀髯之会”[71]。

七、结语

任何一种组合史料的方式均无法复原历史人物生活的真实情景，这是历史学的宿命。但当史料箭垛式集中历史个体的某些阶段或某一片段之际，错乱的时空碎片似乎具有了某种整体感。本文从各类书刊中寻访林兢，钩沉其在甘肃与青海的事迹，以拼图方式展现林兢生命史的某些环节后，聚焦效果有所呈现，形成了一些粗浅认识：

第一，作为问题的“西北”并非一成不变。围绕着“西北”确定林兢的身份，可以呈现具多元特征，简单列举，大约有调查员、工程师、旅行家、行政长官、文学家、理论家、西北文化代言人、边疆政策咨询者等。这些身份既可交叉并存，也可以是某一阶段的主体。在产生不同身份的历史场景中，林兢所关注的“西北”是有所差别的。担任调查员时，西北就是财政、实业、工商、交通、移民及对外的利权争夺的改革设想；随国民军进入西北担任政务官员，西北就变为国民革命、政治建设与社会改革的试验场，以此落实孙中山的“三民主义”；在上海等都赋闲悠游之际，西北就成为日常谈资、理论造势、塑造形象的话语资本；当在政治变局下再次进入甘肃任职时，西北就成为政治困境和理想的滑铁卢；当不再踏入西北时，西北就成为依托梦想的文化意象。

第二，“甘青困局”是政治态势发展的必然。“甘青困局”的发生虽然不排除个人因素，但回到当时的历史场景，这是一个必然发生的客观结果。就林兢的观点看，他希望由经济发展而改变政治难题或民族分歧，“他日西北开发，不特经济方面，予全国以莫大之助力，则历史上西北所留存各种政治难题，均可迎刃而解”[72]。这是理想主义色彩的看法，经济建设需要安定的政治环境，当时并不具备此条件。从客观而言，林兢进入甘肃、青海担任政务官员，本来与他的革命者身份关系密切。与殷汝骊、黄郛、冯玉祥等人关联往往影响了他的政治命运。而中央与地方的政治、军事状态也极不稳定，在不安定的环境下推行社会建设，必然艰辛而困难，充满挫折。事实也正如此，也是世人对林兢未施展政治才华的基本认识。

第三，“讨论问题”与“边事省政”存在落差。林兢长期在西北实调地查，形成了较为系统的开发设想。他与甘青各族的上层官员、知识精英有密切往来关系，具有较好的人脉基础。按照常理，执行甘青的“边事省政”应该较为顺利。但晚清民国的社会转型带来甘青社会秩序的失衡，

“种族之复杂，宗教之歧异，治理尤感困难，政治之未入轨，此固毋庸讳言”[73]。林兢认识到了这一点，但一旦进入地方社会，复杂性还是超过了他的想象。随着西北开发的逐渐推进，不同利益集团的关系变得扑朔迷离，地方势力进入分化整合的速度加快，所激化的矛盾也更为严重。作为外来官员，林兢也许在“讨论问题”上思路清晰，但展开实务性工作时，各种因长期积累的宗教民族问题就成为改革措施的最大障碍。

注：

[1] 郑立于：《足下万里路 胸中八月潮——记中国西部拓荒先行者林竞》，《浙江方志》，二〇〇〇年第四期。刘满：《林兢和他的〈西北丛编〉》，载《河陇历史地理研究》，第五五二至五五九页。李倩：《民国时期的西北考察家述评——以林兢为中心》，高翠莲主编《民族史研究》，第十辑，中国民族大学出版社二〇一一年。邓丽琼：《北洋政府关于新疆财税调查暨意见书研究》，西北民族大学二〇一三年硕士论文。阿雅：《匹马曾经地尽头 ——林竞西北考察相册漫记》，《瓯风》，第八集，二〇一四年。

[2] 林兢：《自我的介绍及最近之主张》，《林氏宗谱》（民国戊寅年重修），卷一。

[3] 林兢：《环海倚松楼西北日记》，《开发西北》，一九三四年第一期。

[4] 殷汝熊留学日本，回国后考取法政科举人，历任湖南高等检察厅厅长，浙江、山东高等法院院长等职。

[5] 《财政部令本部特派员李湛田往察调查文》，《垦政辑览》，杂录第十，第五四页。

[6] 《农商公报》，一九一六年第二十七期。

[7] 谢彬：《新疆游记》，新疆人民出版社二〇一〇年，第二一四页。

[8] 《民国北京政府财政部新疆调查员有关新省财税状况的总报告暨意见书》，《民国档案》，二〇一一年第一期。

[9] 林兢：《载在予日记上之黄膺白先生谈话》，《黄膺白先生故旧感忆录》，文量书店一九六二年。

[10] 林兢：《西北丛编》，沈云龙主编：《近代中国史料丛刊续编》，第十一辑，台湾文海出版社一九七五年，第一九二页。

[11] 林兢：《西北丛编》，沈云龙主编：《近代中国史料丛刊续编》，第十一辑，台湾文海出版社一九七五年，第八八页。

[12]《农商公报》，第六十五期，一九一九年十二月三十日，林兢获四等嘉禾章。

[13] 林兢：《查勘绥甘、甘、新路线意见书》，林兢：《西北丛编》，沈云龙主编：《近代中国史料丛刊续编》，第十一辑，台湾文海出版社一九七五年。

[14] 林兢：《载在予日记上之黄膺白先生谈话》，《黄膺白先生故旧感忆录》，文量书店一九六二年。

[15] 林兢：《载在予日记上之黄膺白先生谈话》，《黄膺白先生故旧感忆录》，文量书店一九六二年。

[16] 中国第二历史档案馆编：《冯玉祥日记》，第一册，江苏古籍出版社一九九二年，第六三六页。

[17] 林兢：《载在予日记上之黄膺白先生谈话》，《黄膺白先生故旧感忆录》，文量书店一九六二年。

[18] 林兢：《载在予日记上之黄膺白先生谈话》，《黄膺白先生故旧感忆录》，文量书店一九六二年。

[19] 中国第二历史档案馆编：《冯玉祥日记》，第一册，江苏古籍出版社一九九二年，第六七九页。

[20] 中国第二历史档案馆编：《冯玉祥日记》，第二册，江苏古籍出版社一九九二年，第七页。

[21] 林兢：《载在予日记上之黄膺白先生谈话》，《黄膺白先生故旧感忆录》，文量书店一九六二年。

[22] 中国第二历史档案馆编：《冯玉祥日记》，第二册，江苏古籍出版社一九九二年，第一七页。

[23] 中国第二历史档案馆编：《冯玉祥日记》，第二册，江苏古籍出版社一九九二年，第二〇页。

[24] 林兢：《载在予日记上之黄膺白先生谈话》，《黄膺白先生故旧感忆录》，文量书店

一九六二年。

[25] 中国第二历史档案馆编：《冯玉祥日记》，第二册，江苏古籍出版社一九九二年，第三三、四〇页。

[26] 林兢：《环海倚松楼西北日记》，《开发西北》，一九三四年第一期。

[27]《西藏六十大事记》出版于一九二五年，先后北京、成都两次印行。正文卷首有京报社邵振青序言，钟祥彭养光序言，以及作者自序。另有张建跋和林兢序。

[28] 魏明：《记城中区民国时期的一份结婚证书》，中国人民政治协商会议西宁市城中区委员会文史资料委员会编：《西宁市城中文史资料》，第九辑，一九九七年。

[29] 林兢：《环海倚松楼西北日记》，《开发西北》，一九三四年第一期。

[30] 青海省地方志编纂委员会：《青海省志·军事志》，第八二七页。

[31]《青海省政府咨请蒙藏委员会取消青海土司呈文》，米海萍，乔生华辑：《青海土族史料集》，第一三五页。

[32]《青海省政府咨请蒙藏委员会取消青海土司呈文》，米海萍，乔生华辑：《青海土族史料集》，第一三五页。

[33]《青海省政府咨请蒙藏委员会取消青海土司呈文》，米海萍，乔生华辑：《青海土族史料集》，第一三六页。

[34] 林兢：《载在予日记上之黄膺白先生谈话》，《黄膺白先生故旧感忆录》，文量书店一九六二年。

[35] 林兢：《载在予日记上之黄膺白先生谈话》，《黄膺白先生故旧感忆录》，文量书店一九六二年。

[36] 韬奋：《男权扫地》，《生活》周刊，第四卷第七期，一九二八年十二月三十日。

[37] 林兢：《载在予日记上之黄膺白先生谈话》，《黄膺白先生故旧感忆录》，文量书店一九六二年。

[38] 戴季陶:《开发西北工作之起点》,一九二九年十二月二十五日,《西北》,第三十五页。

[39] 林兢：《西北丛编》，沈云龙主编：《近代中国史料丛刊续编》，第十一辑，台湾文海出版社一九七五年。

[40] 林兢：《西北丛编》，自序，沈云龙主编：《近代中国史料丛刊续编》，第十一辑，台湾文海出版社一九七五年。

[41] 黄光：《林君烈夫函来，言辞青海省委兼教育厅厅长。诗以劝行》（辛未春）：“西园花絮罥游丝，马上春光檄召时。景物昔曾留实录，姓名今复动边陲。心中教泽青年注，梦里思潮碧海驰。仙水有仙翘首望，汝来安得好风吹？”马允伦编《黄光集》，上海社会科学院出版社二〇〇五年，第六二页。后来青海省第一任教育厅厅长为杨希尧。

[42] 金河林:《1930 年代中国知识分子的“亚洲”认识与民族——以〈新亚细亚〉、〈新东方〉为中心》，胡春惠，周惠民主编:《第七届两岸三地历史学研究生论文选集》，二〇〇六年。

[43]《时事新报》，一九三二年一月三十一日，第二张一版。

[44] 林兢：《甘肃最近之情况》，《申报月刊》一九三一年第一卷第一号。

[45] 尚季芳：《论民国时期甘肃省的毒品经济与社会变迁》，《中国经济史研究》二〇一一年第三期。

[46] 陈赓雅：《西北视察记》，甘肃人民出版社二〇〇二年，第一〇八页。

[47] 邵力子：《开发西北与甘肃》，《开发西北》，一九三四年第一卷第一期。

[48] 林兢：《甘肃最近之情况》，《申报月刊》，一九三一年第一卷第一号。

[49] 曾雪梅编著：《还读我书楼珍藏尺牍考解》，甘肃人民出版社二〇一二年，第一六九页。

[50] 曾雪梅编著：《还读我书楼珍藏尺牍考解》，甘肃人民出版社二〇一二年，第一三〇至一三一页。

[51]《监察院公报》，第二十期。

[52]《本院呈国民政府文》（第六号，一九三三年八月九日），《监察院公报》，第二十期。

[53]《国民政府政务官惩戒委员会议决书（第十五号）》（一九三四年四月二十六日），《监察院公报》，第二十三期。

[54] 林鹏侠：《西北行 • 兰州福音》，甘肃人民出版社二〇〇二年，第五八页。

[55]《国民政府政务官惩戒委员会议决书（第十五号）》（一九三四年四月二十六日），《监察院公报》，第二十三期。

[56]《为洮西难民呼吁》，《回教青年》第三卷第一至二期，一九四〇年。

[57] 马通：《中国伊斯兰教派与门宦制度史略》（修订本），宁夏人民出版社二〇〇〇年，第一三五页。

[58] 林竞：《西北丛编》，沈云龙主编：《近代中国史料丛刊续编》，第十一辑，台湾文海出版社一九七五年，第一〇一页。

[59] 林竞：《西北丛编》，沈云龙主编：《近代中国史料丛刊续编》，第十一辑，台湾文海出版社一九七五年，第一三一、一三二页。

[60] 林竞：《西北丛编》，沈云龙主编：《近代中国史料丛刊续编》，第十一辑，台湾文海出版社一九七五年，第一五五页。

[61] 甘肃省地方史志编纂委员会等编纂：《甘肃省志》，第九卷，民政志，甘肃人民出版社一九九四年，第六三九页。

[62] 黄绍竑：《五十回忆》，岳麓书社一九九九年，第二六八、二六九页。

[63] 沈亦云：《亦云回忆》，传记文学出版社一九七一年，第一三五页。

[64] 李啸风：《林烈夫四十生日作诗自寿，并以所绘〈还我河山图〉见示，依韵奉和》，李梦彪：《李啸风先生诗文集》，卷一，第九页。

[65] 王理孚:《林烈敷以手绘东北四省略图之片纸，附印自述七律二首寄示，和韵答之》，张禹、陈盛奖编注：《王理孚集》，第七六页。

[66] 阿雅:《匹马曾经地尽头——林竞西北考察相册漫记》，方韶毅主编:《瓯风》第八集，中国文史出版社二〇一四年。

[67] 苏渊雷：《〈西游画册〉林烈敷属题》，《苏渊雷全集》，诗词卷，华东师范大学出版社二〇〇八年，第五四、五五页。

[68] 黄炎培:《题林烈敷西陲纪录画册》，《苞桑集》，卷三，开明书店一九四九年第二版，第六九页。

[69] 任可澄:《匏斋诗存》，许先德等主编:《贵阳五家诗钞》，贵州教育出版社一九九五年，第五四页。

[70] 叶恭绰:《题林烈敷（竞）西北游程画册》，《遐庵汇稿》，中编，诗文，《民国丛书》，第二编，综合类，上海书店出版社一九九〇年。

[71] 叶恭绰:《题林烈敷（竞）西北游程画册》，《遐庵汇稿》，中编，诗文，《民国丛书》，第二编，综合类，上海书店出版社一九九〇年。

[72] 《西北丛编》，“例言”。

[73] 傅作霖：《宁夏省考察记》，正中书局一九三五年，第一一九页。

颂其诗，论其世，想其人

陆键东

孟子曰：“一乡之善士，斯友一乡之善士。一国之善士，斯友一国之善士。天下之善士，斯友天下之善士。以友天下之善士为未足，又尚论古之人。颂其诗，读其书，不知其人可乎？是以论其世也，是尚友也。”

这是历来读书人向往的境界。今天重温此旨，忽又有新得，论其世与颂其诗，实际已超越了读书的范畴。孟子所处的年代，是一个礼崩乐坏、攻伐交加的乱世，孟子秉承圣人之志，所论所思，不仅意在救世，更着重的是在书写历史，展现的是剧变时代人的或悲哀、屈辱、堕落，或高尚、自持、固守。这是在铸造灵魂。这才是“颂其诗，读其书，论其世”的最深刻之旨。当然这一切又是与“善士”这一概念紧紧相关的。

两千多年后的今天，近人董每戡无疑是当得起孟子那些关于“善士、颂诗、读书、论世”的喟叹的。

董每戡，温州瓯海人，生于一九〇七年，逝于一九八〇年，生前为中山大学中文系教授。董每戡一生钟情于中国戏剧，所谓情之所至，一往情深，生可以死，死可以生，这是其一生的写照。中国戏剧发轫于先秦，成熟于唐宋，至元明已进高峰。这将近三千年的历史，似乎上举三语就能概括之，其实数千年的演变是一个漫长的过程，铺垫的是无数代伶人的生命。十分可惜，中国戏剧向被蔑视为娱乐小道，一直被摒弃于高头讲章之外，故其千年演进之迹，少有记录，自生自灭，漫漶不彰。自近代以还，西潮涌入，他山之石，可以攻玉，以王国维为代表的现代学人，以人性之光华、文学之瑰宝，发凡起例，史迹重建，由是戏曲千年演进之道，如拨开云雾，荦荦大者，有迹可循，科学考据，条理清晰。接踵者承王氏之绪，光之大之，发之扬之，其中尤以董每戡为独特者。董氏以世界瑰宝的视觉，以博学渊深的考释，以灵动生花的妙笔，展现了中国戏曲无比丰富的艺术内容。私心以为，董氏最大的贡献，是可以将戏剧研究写得如此生动活泼，引人入胜。从艺术的意义上说，他的一些著作，本身就是堪可传世的经典，正如天才学者王国维的《宋元戏曲史》，其历史感染力已超越戏曲研究本身，成为一个时代学术的精神结晶，其地位难以撼动。一个时代的英气就这样留在了历史中。今天，史料搜索已呈全球化趋势，研究者能获得史料的手段，以及囊括材料之广、之全，远非前人所能想象，但震撼心灵之作却稀，此中的因由甚可让学界深长思之。简而言之，在学术的追求中若没有灵魂的贯注，历史怎会生动重现！

以上只是董每戡人生的其中一面。

从另一个角度说，董每戡所遭逢的二十世纪，恰是一个千年未有的大变局，陷身其中，董氏历尽风涛，尝尽坎坷，一如他挚爱的戏剧传奇，其命运跌宕翻覆，悲情演绎至尽。作为二十世纪的高校教授，在他身上浓缩了中国传统知识分子的家国情怀、气节风操，以及西方人文精神的独立意志、自由思想。这是他一生的出处，也是他一生的悲情痛处。因于斯，而其一生独特、可爱；也是因于斯，而其一生厄穷连蹇。甚为特别的是，他的可爱与不幸，竟然是与他的学术紧紧相连，融为一体，这使得在其著述中赫然可见鲜明的生命意志、人格形态，读之可亲，抚卷可感。这是甚难得的学术境界，也是足可让后来者不断感怀的著述人生。如斯，“颂其诗，读其书，不知其人可乎？是以论其世也”全部落到实处，似是独为其发，内中充盈着血泪与灵魂的贯注，使这段两千年前的文字熠熠生辉，诵之，于人与史极感亲切，深思尚论，想见其为人。

古人论士，必先品，而后才。董每戡生而孝友善良，温恭笃诚，其为人磊落光明，在其乡、在其贬所，皆有口碑，所谓君子之光，如日月在天，足可仰之。董氏为士与为师，承续了三千年“志于道”之脉，以其一生孝于亲、忠于君、笃于友、勤于著、固于守的士风，岿然为范。本书所收“亲友忆念”之章，绝大部分为亲历者亲身所感，所记董氏音容笑貌，情真意切，形神生动，于中可见其性，可见其节，可见其善。行文者虽身份各异，年岁不一，然总不出亲人、师友、同道、门人以及后进之畴，一个士人的一生行藏就这样总于此矣。语云：一士之存亡，系乎一代士气之盛衰。以此方之董氏一生之遭际、其所处之世，可云贴切。回视历历青史，不由人百感生焉……

余向慕董先生。一九八〇年，先生在中大任上去世，一九八三年，余即入读该校中文系，得暗闻先生二三密事，因缘就此种下。一九九八年，余始倾力研治先生生平，凡十八年。光阴很能熬人，十八年间余尝尽困苦与艰辛，由一青丝满头之青年，熬至竟然于“四十九年之非”

别有心戚焉之老境，总不免时时思及前贤的故事：一九五七年，正处一生中最好时光的董先生，突遇迎头棒喝，昂扬的生命立遭顿挫，从此堕入长夜，直熬到油尽灯枯。时光是如此无情，它一点一点销蚀着一个感奋的生命，但历史却又是如此顽强，在无尽的风雨中它标立着一个灵魂。十八年来这一个灵魂似一直高悬于头上，所谓举头三尺神明在。二〇一七年，拙著《历史的忧伤——董每戡的最后二十四年》终由香港中和出版有限公司刊行，由是先生一生之功业得以伸张。二〇一九年春，先生纪念文集即将付梓，编者向余索序。通览目录，所有执笔者俱年高于余，部分长辈更是隔世前贤，余踌躇再三。然思及古人以风谊相悦，托末契于后生，士服旧德，薪火相传，斯亦有“古之君子，推前哲而跂踵焉者，有师匠焉，有分齐焉，非苟为倾挹而已”之意，不忍辞。遂聊书数语，不徒勾勒前尘往事，亦述及士脉之古往今来，不禁兴“逝者如斯夫，不舍昼夜”之慨。谨此为序，叹焉。

键东敬识于广州东观堂

二〇一九年春

（本文为《永远的南戏乡亲——董每戡纪念文集》序言，是书即将由文汇出版社出版）

新闻界的“大赵小赵”

富晓春

一

一九三七年。南京。

新街口人来人往，小汽车、人力车川流不息，报童撕开嗓门的叫卖声不绝于耳，呈现一派别具一格的都市繁华景象。从朝报社与新民报社大门口各自走出一个年轻人，他们在两报相隔不远的新都大戏院前相遇，继而结伴而行，渐渐消失在步履匆忙的茫茫人海中……

这两个年轻人，一个叫赵超构，一个叫赵纯继。他们同庚，生于庚戌年，外形迥然不同，赵纯继人高马大，赵超构矮小瘦弱，人称“大赵小赵”，并称“二赵”。他们意气相投，脾气相近，但生性孤僻，不善言辞。

赵超构名声在外，可能知道赵纯继的人不多。赵纯继(一九一〇——一九九三)，四川荣昌人，新民老报人。早在一九三〇年，他就参加南京

《新民报》(《新民晚报》前身，下同)工作。当时他还是《新民报》的外勤记者，他与老板陈铭德有同乡之谊，经常替老板跑腿。赵超构一九三四年进《朝报》，任主笔兼编国际新闻，深受老板王公弢器重。

当时的南京城作为全国的政治、文化中心，大小报纸有十几家，但有一定影响力的主要有五家。其中两家官办报纸《中央日报》《中国日报》，三家私办的民间报，即陈铭德的《新民报》、王公弢的《朝报》和石信嘉的《新原日报》。五家报社按惯例，轮流做东，大约半月开一次聚餐会，互通信息，讨论交流办报经验。

“二赵”就是在这样的聚餐会上认识的，但他们在这种场合上交流得并不多。

据赵纯继多年后回忆，他们的“第一次交心”，是在“七七”事变以后。这一年的秋天，日本侵略军攻陷北平、天津两地，他们因等通讯社的新闻稿，编完报纸已东方破晓。但他们睡意全无，从报社出来后，在新街口一路溜达到赵纯继家里摆“龙门阵”，为平津沦陷“民族危亡日甚一日的情势”而愤慨不已。

“大赵”的媳妇叫陈琴仙，为人贤淑，还烧得一手好菜。赵超构独自一人在外，经常上“大赵”家蹭饭，或小酌。有时他还带在《朝报》编副刊的同事张慧剑一道去。共同的兴趣与爱好，使这班年轻人成为无话不谈的好朋友。

赵超构称陈琴仙是“大赵”从报上“捡”来的媳妇。事实确实如此：当年正值妙龄（十九岁）的陈琴仙遇人不淑，刚结婚即遭丈夫抛弃。幸亏她念过书，便向《新民报》“法律问答”专栏写信求助。《新民报》老板陈铭德爱人邓季惺是个律师，在报社三楼开律师事务所，并主持《新民报》“法律问答”专栏。她了解陈琴仙的遭遇后，替她登报声明离婚，并把她留在律师事务所做总务秘书。获得新生的陈琴仙，后来与赵纯继相

赵超构

赵继纯

爱，并结为夫妻。

一九三八年，南京沦陷，《新民报》迁至重庆复刊，赵纯继临危受命担任总编辑。随后“三张一赵”（张恨水、张友鸾、张慧剑、赵超构）相继加盟重庆《新民报》，“大赵小赵”成为同事。这里还有个插曲：张友鸾是老新民人，他是南京《新民报》首任总编辑，是赵纯继当年学写新闻报道的老师。赵纯继见老师重返归来，曾一度提请让出总编辑一职由老师担任，后因张友鸾执意不肯而作罢。在重庆《新民报》，赵纯继与“三张一赵”和睦相处，生死与共，并肩奋斗多年。

一九四三年夏天，赵纯继会同邓季惺、张友鸾、张慧剑等赴成都办报，并出任成都《新民报》总编辑。次年冬天，成都《新民报》增出日刊，赵纯继敦请好友赵超构，还有同事姚苏凤、方奈何、张十方等到成都助战，使日刊很快在成都站稳了脚跟。赵超构的“未晚谈”，就是在成都《新民报》副刊上最先开栏的。

成都是当时大后方的文化中心，名胜古迹众多，文化底蕴深厚。成都《新民报》尤其是张友鸾编的社会新闻，赵超构主笔的言论，因反映民意，触及当局的痛处，发行屡屡受阻，最后以张友鸾调回重庆而了结。没过几年，成都《新民报》终被查封，国民党当局出动军警武力劫收，赵纯继和张先畴、同绶章等人被捕入狱。

这班年轻的报人以报为家，以笔为枪为匕首，吟诗喝酒，纵论天下大事，留下了一生中最美好的时光。在与赵超构相处的日子里，最使赵纯继敬佩的是他的“好学精神”。赵纯继在《沉痛哀悼超构兄》一文中回忆：“超构兄很长时间住在山洞（花丘湾）乡间，但每周必进城一次，将写好的文章交到编辑部，然后买点新书，并向朋辈借些旧书（带回去）。下一周来时又换一批。他真可以说‘于书无所不读’。他读书面很广泛。政治、文史之类的书要读，就连科学技术的著作，他也涉猎。总之，他的知

一九三七年九月，赵纯继与邓季惺（中）、夫人陈琴仙（左）参观在南京被击落的日机残骸

一九七四年四月，张友鸾与赵纯继夫妇在安庆合影留念。左上张友鸾，左下为夫人崔伯萍，右上为赵纯继，右下为夫人陈琴先。钱昌祥提供

识面广，无怪他写起文章来，海阔天空任他遨游。”

二

一九四九年新中国成立以后，赵超构继续留在上海办《新民报》晚刊，而赵纯继所在的重庆《新民报》停刊，他改行举家迁移北京到全国工商联上班。“大赵”虽然离开了新闻单位，但他与《新民报》一直保持着联系。赵超构是全国人大代表和政协委员，每年都要到北京开会，他与赵纯继，还有张友鸾、张恨水、浦熙修等其他在京的新民老报人，经常在陈铭德、邓季惺夫妇家聚会。

进入一九五八年，随着大跃进和人民公社化运动的推进，干部下放形成了高潮。这年夏天，赵纯继夫妇被下放到千里之外的安徽省安庆市任职。全家七口除了即将考大学的大闺女留在北京外，其余四个年幼的孩子，还有年迈的岳父均随他们到了安庆。安庆是个小地方，与北京有着天壤之别；安庆不是他们的故乡，地生人不熟，一切都得从头开始。

从北京下放到安庆的百户人家，“文革”后，国家落实下放干部政策，有的返回北京，有的举家南迁。而赵纯继自己也没想到，他一踏上这片土地，便注定要在安庆终老一生。有句老话，叫“小乱避城，大乱避乡”，赵纯继像一叶扁舟被命运抛到小城安庆，在无尽的寂寞与平淡中度过芳年华月，但也因此而躲过了政治运动所带来的惊涛骇浪。

赵纯继早年办报与左翼作家有过合作，田汉、阳翰笙等一批进步文化人都与他打过交道。当年经田汉推荐，他与老板陈铭德邀请阳翰笙主编《新民报》副刊“新园地”。他们都是四川老乡，双方一拍即合。阳翰笙主编的副刊发表了大量进步文化人士的文章，鼓舞了广大民众抗战的斗志。当时出于政治因素考虑，副刊实际由阳翰笙主编，但版面上的署名一律用赵纯继的名字替代。

据赵纯继女婿钱昌祥说，“文革”期间北京某颇有来头的军代表，专程到安庆找他岳父调查田汉、阳翰笙的历史问题。他们是当时“文革”文艺界重点批判的“四条汉子”之二。面对北京方面无中生有的调查，当时的赵纯继感到压力较大，惶恐不安多日。他弄不明白，田汉、阳翰笙这些进步人士会有什么历史问题？

赵纯继惦记着老朋友赵超构，并为他的处境而深深担忧。上世纪七十年代“文革”后期，赵纯继赴东北探亲专程绕道上海看望赵超构。当时的赵超构还没彻底“解放”，还戴着“资产阶级学术权威”的帽子。他除了上干校参加超强度的劳动外，就是将自己关在家里，“闭门思过”。赵超构没想到“大赵”这时候会来看他，对他，有些人已唯恐避之不及了。

在那样一种特殊的政治情境之下，两位久别重逢的老友相聚在一起，他们的内心可谓百味杂陈。那一个夜晚，上海市区大雾锁天，天空黑压压的像一个锅盖倒扣着。他们在虹口一个旧式石库门老房里，一瓶二锅头，就着一碟花生米，正在一边小酌一边彻夜长谈。没有人会知道他们谈些什么。

凌晨时分，他们和衣靠在书房的书桌上睡觉。此时长夜已尽，东方渐渐泛起鱼肚白……

多年以后，赵纯继在一份介绍赵超构与《新民报》的材料上，他谈到了那个晚上。但他没有多说什么，没有透露任何内容，也没有提起田汉与阳翰笙，他只是说赵超构的书房书很多，有专著，有线装书，满满的一屋子，称赞赵超构在那种情况下仍然不忘读书。

三

中共十一届三中全会以后，“二赵”联系更加频繁了。见面或通信谈得最多的是《新民报》过去的人与事，这成了他们永远谈不完的话题。但他们知道，彼此都老了，再也回不到原来激情燃烧的岁月了，只能静静地守候夕阳西下最后那一抹余晖……

一九八〇年秋天，《新民晚报》已在筹备复刊，赵超构还在上海辞书出版社上班，担任副社长、副总编辑的职务，政协的社会活动也多了起来。复刊筹备组整理《新民报》报史材料，其中周恩来在重庆到陈铭德寓所会晤采编人员的具体细节，他一下子想不起来，便向远在安庆的老朋友“大赵”求助。

赵超构在信中写道：

> 来信并回忆总理的材料收到。你的记忆力真好。我是一点也记不得了。不知那一次在铭公（即陈铭德——引者注）家里，我是否在座了，我也记不起是在重庆还是在南京，铭公请总理到家里晚餐的。总之就这件事证明你的身体比我好得多。我仍然每天上下班，迟到早退，自由一点。身体粗健，但老妻半身不遂，需人照料。《辞海》国庆节前出书，近日大忙，政协活动也不少。自思才疏力拙，尽力而为罢了。你也该忙一些了吧？你那里的政策落实情况如何？许多老相识先后都得“改正”，你大概都知道了，真是可喜可贺！琴先（即陈琴仙——引者注）同志是否还在工作？便请代候，不知她还记得我否？

赵纯继记忆力惊人，对周恩来会晤《新民报》采编人员的事，记得一清二楚。据赵纯继回忆，周恩来是应陈铭德之邀请，在郭沫若的陪同下，秘密到重庆七星岗附近的华一村陈寓所赴宴的：一次是一九四二年秋，蒋介石掀起第二次反共高潮，内战危机四伏之机；一次是在抗战胜利后的

一九八九年，赵超构（中）与赵纯继夫妇同游玄武湖合影留念

一九八九年，中山陵。左起：束纫秋、某、张林岚、赵超构、赵纯继、陈琴仙

一九四六年初，重庆举行政治协商会议期间。这两次会见，都是在《新民报》采编人员对前途感到迷茫之际。周恩来适时地来到他们中间，审时度势，指点迷津，进一步阐明了共产党的统一战线政策，共同商讨寻求报纸舆论宣传和反蒋斗争策略，还就《新民报》的编辑方针做出指示，使报社同人受到了深刻教育和极大鼓舞。

这两次会晤，“二赵”均在场。赵纯继专门写了一份经过情况及周恩来讲话要点的材料寄给赵超构。这就是赵超构照此史料撰写，后来收入《统战工作史料选辑》一书的《统一战线的雨露滋润了新民报》一文。

《新民晚报》复刊那会，赵超构约请徐铸成、张友鸾写“打炮戏”，也向老友“大赵”约稿，还免费赠送《新民晚报》——当年报纸发行有限，都是凭票征订的。在赵超构的鼓动下，他作为《新民报》创业的亲历者，撰写了近二万字的回忆录《抗日战争前的南京〈新民报〉》，后来收入“新闻丛书”《〈新民报〉春秋》（重庆出版社，一九八七年十二月版）一书。一九八九年，新民晚报社举行创刊六十周年纪念活动，赵纯继作为老新民人应邀携老伴陈琴仙一起出席。赵超构会同他们赴南京故地重游，先后游览了玄武湖、中山陵、南京长江大桥等景点。

当他们前往乌衣巷寻访《新民报》初创时期的报社旧址，经过秦淮河夫子庙前时，“二赵”触景生情，忍不住热泪盈眶。经同行的老报人张林岚先生提议，一行人在此驻足留影，留下了承载着新民老报人历史烟云与记忆情结的合影。赵超构倡导的“飞入寻常百姓家”的办报口号，发源于此。

晚年的赵纯继是“林放式杂文”最忠实的读者，他几乎每篇必读。《新民报》成了维系他精神世界的全部。一九九〇年五月，赵超构八十大寿。赵纯继从报上获悉这个消息后，动笔给赵超构写信道贺。在信的字里行间，他表露了对“一直走在时代前沿”的赵超构的钦慕之情，称赞他“为《新民报》的发展，作出了极大的贡献”。可见，在赵纯继的内心深处，一直放不下年少立下的做一个新闻家的梦想。

二〇一五年，老报人张林岚先生与笔者谈到“大赵”时说：“赵纯继先生为人勤勉忠厚，担任重庆、成都《新民报》总编辑期间，忙于报业的发展与事务，倘若他当年留下有影响的新闻作品，那历史可能要改写，‘三张一赵’有可能就是‘三张二赵’了。”

岁月如歌，世事沧桑，每个人的生命个体总是带着某种缺憾展现于世人面前。新闻界的“大赵小赵”，虽然最终没有像“三张一赵”那样成为一种象征或符号，在中国新闻史上留下值得大书特书的篇章，但他们亲如兄弟的报人情谊，却也非同寻常而值得后人为之感叹与敬仰……

难忘罗苑

游修龄　游汝恒口述　裘立群记录整理

一九一八年，上海犹太富商哈同，为其妻罗迦陵在杭州西湖平湖秋月与孤山之间建造了一座园林式别墅，东西长一百多米，南北宽二十多米，并以罗迦陵的姓氏，命名为“罗苑”（杭州人称“哈同花园”）。

一九四五年抗战胜利后，浙江大学从贵州迁回杭州。在竺可桢校长努力下，把原属浙大房产的罗苑收回（西迁时出租给国立艺专），作为浙大师范学院校舍。

一九四六年，浙大因缺乏教师宿舍，罗苑成为浙大教师宿舍。

我的二姐游淑昭与姐夫夏承焘，我与儿子游汝恒，先后入住罗苑。

罗苑作为浙大教师宿舍，先后安排文学院、工学院、农学院部分教授、教师入住。我的二姐夫夏承焘当时是浙大国文系教授，与陈立教授等，于一九四六年首批携家眷入住罗苑。他们非常喜欢罗苑的居住环境，一九四八年，二姐生日，二姐夫曾作《风入松》一词：“中年以后说恩情，饭软与茶清。正如久作西湖客，等闲忘黛碧螺青。双燕漫窥双影，孤山只爱孤行。画船日日过娉婷，羡我好林亭。段桥沽酒西泠粂，不须嫌如此劳生。记取邻翁一语，他年画也难成。”题注云“时寓罗苑三年矣”。词中提到的孤山、画船、段（断）桥、西泠，皆是围绕罗苑的西湖景色。

我是在一九五〇年作为一名“单身”年轻助教，住进罗苑的。为什么“单身”两字加上引号？实际上，当时我已结婚，并已有孩子。这里有必要说明我和我妻子及孩子的简况：

我一九二〇年出生于温州。一九三九年，于省立第十中学（温州中学前身）高中毕业，考入位于金华的国立英士大学，我和后来成为爱人的张月季（原名月姬）同学，是英大农艺系首届（一九三九至一九四三年）毕业生。一九四九年五月，金华解放，英士大学被宣布解散，部分教师遣散回家。我与十来名教师被浙江大学选中，调入浙大工学院或农学院。我在浙大任农艺系助教，而张月季因成绩优秀，英大毕业后即被上海进出口商品检验局录用，负责农产品进出口检验工作。一九四四年夏，我与月季结婚。一九四六年七月，儿子汝恒在月季娘家金华出生，张月季产假满后仍到上海工作。

一九五〇年，因我爱人不在杭州，儿子汝恒就跟随我二姐、二姐夫一起住罗苑生活。因而，我作为一名“单身”浙大助教，入住罗苑。

初入罗苑大门，印象很深的是，过道东西两侧就是花园，花园内有池塘、假山，亭台楼阁，间或其中。朝南面临西湖边，有一幢幢翘屋檐的建筑，就是当时的浙大教师宿舍。这一幢幢建筑中有一幢特别漂亮、屋顶和楼体呈八角形的两层楼，称“八角楼”。八角楼朝南“四只脚”的地基，就跨在西湖中。楼的南面和东、西面的四扇窗户，如“凌空”在西湖上，无论观景还是景观，都极佳。

我居住于临湖那一排平房最靠西的一个单间（全景图上最靠左边）。

罗苑全景图

二姐和二姐夫住在我东面相连的两间房子。我们的住房南窗外就是西湖，从厨房台阶踏步下去，也是西湖。那时，罗苑还没有自来水，而西湖水很清澈，生活中淘米洗菜、烧水烧饭、洗衣服等等，一切用水都是使用西湖水。

我住的房间虽小，但也是朝南面临西湖的“湖景房”，朝南窗户是木制百叶窗，地面铺的是长方形黑色水磨地砖。

因临湖有窗户，常能听到西湖水轻轻拍打房子墙角的声音，也能天天看到西湖及对岸吴山。住在罗苑，使我充分领略了“水光潋滟晴方好，山色空濛雨亦奇”的西湖风景，十分美好，百看不厌。

我那时年轻，又会游泳，有一天，想看看临湖房屋边的西湖水有多深，就从窗户中爬出，光着双脚站在西湖中，水面只漫到我的双膝，脚底下踩着的不是淤泥，而是乱石……

在罗苑，也有过一次被虫咬的遭遇：我住的房间光照通风良好，但因为最靠西边，夏天太阳晒得长久，夜晚室内温度也比较高。逢大暑天气，我睡在床上嫌热，就索性睡到那光滑的黑色水磨地砖上，凉快的感觉让我很快进入梦乡。但是有一天，睡在水磨地砖上的我，突然被右小腿上一阵剧烈的刺痛惊醒，跳起身打开电灯，赫然见到地上一条两三寸长的蜈蚣，赶紧用鞋子打死。这时，不知是惊吓，还是被蜈蚣叮咬后的毒素反应，直觉得全身汗毛竖立、头皮发麻……情急中想到邻居浙大农学院畜牧兽医系讲师黄昌澍懂医术，也就不顾半夜三更，去他家敲门。黄老师起身开门后，听了我的叙述，说："不用紧张，马上回去拿肥皂蘸水，搽在疼痛处，就会好的。"我回屋赶忙在灼痛处涂抹上肥皂水，不一会儿，疼痛果真逐渐消退了。看来蜈蚣螫咬我的时间还不长，就被我打死了（若被大蜈蚣叮咬时间长，毒素吸收多，须上医院处理）。这条蜈蚣，估计是从罗苑花园的花草丛中爬出来"潜伏"在我房间的。

自从有了那次"遭遇"后，无论天气有多炎热，再也不敢睡在地砖上了。不过，我这种经历，也只是因我住在罗苑最西侧平房，空气特别热而地面较潮湿之故，仅是一个特例吧。但从另一方面，也说明罗苑内的花园花草繁茂、自然生态环境特别好！

当时与我一起入住罗苑的，除黄昌澍一家三口，还有浙大工学院的教授一家。而浙大园艺系讲师孙筱祥，因也是单身，他住在与我相连的一个单间。黄昌澍于一九五二院系调整时离开浙大，回温州平阳跟岳父一起开中医诊所。而孙筱祥在全国高校院系调整时，调到北京农业大学。孙筱祥在园林设计上很有建树，杭州西湖"花港观鱼"(西山公园)景点，就是他设计建造的。在国内，他还担当杭州植物园、北京植物园、华南植物园等

罗苑一角

植物园的总规划设计，是国际上知名的中国园林设计大师。

罗苑设有食堂，我们单身教师平日大多在食堂用餐。周末或假期我也会自己买菜烧饭，当时离罗苑较近的昭庆寺（现杭州市少年宫）菜市和龙翔桥菜市场，我都曾经去买过菜。那时烧饭菜用的碳炉子，呈圆筒形，高约四十五厘米、直径约二十五厘米，可以放在走廊使用。有时，我还与居住罗苑的教师们一起到楼外楼“聚餐”。

一九五〇年至一九五二年夏，除节假日，我与孙筱祥、黄昌澍到位于华家池的浙大农学院上班，每天都有校车定时接送，往返罗苑、华家池之间。

在罗苑居住的两年里，我作为助教，除了担任系里所有课程的实验课，还开了一门公共必修课“农业概论”。内容是介绍农学院各门学科的大概内容，使不论哪一个系的学生，对农业领域都有一个总体的鸟瞰式的了解，这对以后做学问不至于片面化很有好处。

新中国成立之初，全国响应主席号召，“一边倒”学习苏联。学校停止英语教学，停止进口英语书刊，改学俄语和俄语书刊。但当时学校却没有俄语师资和教材，而苏联的外语却是英语，进口的都是英语书刊。那时，我就充分利用“单身”业余时间，跟着上海华东广播电台广播俄语教学节目，听广播自学俄语。一年后，到上海参加俄语口试和笔试及格，拿到华东俄语广播学校的毕业文凭。回校后业余时间讲授俄语，并且担任俄语教研组负责人，直到三年后，首批俄语专科学校的毕业生分配到学校后，我才退出俄语教学，回到农艺系。

在罗苑这两年里，我忙于学外语、编译丛，除了农学院的同事，与其他住在罗苑的浙大教师没有什么交往。但对孟宪承、曾继铎、郑晓沧、俞子夷、陆维钊、任铭善诸位，是有印象的。尤其是音乐教师沈思岩、杨增慧夫妇，因为周末的晚上，常能听见杨老师在弹奏钢琴。我偶尔也会忍不

夏承焘与郑晓沧在罗苑

住走出家门，到沈家窗口观看陈立夫妇、曾继铎夫妇等，在钢琴和留声机伴奏下跳交谊舞，但从未进入沈家“舞池”。

一九五二年夏，随着全国高校院系调整，因浙大农学院从浙江大学分出，单独成立浙江农学院，我与其他教师一起离开了罗苑。

在罗苑生活，因环境安静优美、心情愉快，使我在教学工作方面自我提升很快，打下比较扎实的基础。

我儿子游汝恒入住罗苑时还只有三四岁。他说起对罗苑住房的记忆，是房屋天花板有很多裂纹（因年久失修），有一天，他被一块掉下来的天花板砸在头上，幸亏那片天花板比较薄，没打破脑袋。

汝恒印象最深的是，看到大人打开窗户，把吊桶放到西湖里，就可以吊上西湖水来。他对“吊西湖水”这事很有兴趣，但是，人长得还没窗台高，也就只能想想罢了。

一九五〇年下半年，汝恒开始上岳坟幼儿园小班。从罗苑到岳坟幼儿园约三里路程，上学放学都是和比他大的几个小朋友一起，“自己走过去，自己走回来，不需要大人接送”，对此，他颇为得意。当然，我与他的姑妈姑父也一定及时给予他表扬的。汝恒还记得，从幼儿园放学后，自己曾与小朋友们一起爬上孤山游玩。大约上中班时，还与几个小朋友翻过孤山到幼儿园上学。

一九五二年夏，汝恒将上幼儿园大班时，正逢全国高校院系调整，二姐夫与陈立教授等一起，调到新成立的浙江师范学院（位于钱塘江畔现浙江大学之江校区）任教，汝恒也跟姑妈姑夫搬到位于六和塔旁的头龙头浙师院教师宿舍。他们三人住在一幢朝南带有院子的单独二层小楼，二楼三间是住房，一楼就是幼儿园。至此，汝恒跟姑妈和姑父夏承焘一起离开了罗苑。

我离开罗苑到浙江农学院工作后，搬到了刀茅巷附近的楚庆路九号自租房。一九五五年夏，我爱人从上海调入浙江农学院，我们把汝恒接回来，我们仨一起住在楚庆路九号。汝恒自小学三年级开始，转到位于庆春路东段的迎真小学（现庆春路小学）上学。一九五七年后，我们一家才“定居”于华家池校区教师宿舍小二楼（华池精舍）。

一九五七年，罗苑在杭州城市改造中消失，但平湖秋月西侧，还有梅鹤亭（轩）、湖天一碧楼建筑，保留至今，与平湖秋月西湖风景融为一体。

我们在罗苑居住的时间虽然短暂，但对罗苑的美好记忆不会消失。罗苑，在历史的记忆中不该也不会消失。

二〇一九年七月

记忆深处的“兰花手”

卢剑平

前些日子，我在手机微博上读到一篇关于一九五七年北大荒农场“改造”的“右派分子”生活的纪实文章，文中写道：在滴水成冰的苦寒之地，“有位温州人唐湜，诚实而木讷沉默”。这句话一下子就打开了我尘封四十年之久的记忆之门，唐湜老师给我们温州师范专科学校七七级中文班上课的情景印刻鲜活起来。

初识唐老师

大概是一九七九年的春天，唐湜老师来给我们上传统戏曲课。上课前一周，侯百朋老师向同学们简单介绍了唐老师，大意是，唐湜不仅是一位著名诗人，也是一位戏曲艺术的专家、文艺评论家。侯老师在黑板上写了“湜”字，并标注了拼音，有同学用温州话随口念了一遍，发音与温州话的“搪瓷”相同，那时搪瓷杯是每天都会用到的，印象就更深了。

一九七七年对今天的多数年轻人而言，只是一个过往的年份；对中国社会而言，却是一个重要的转折点，这年的十月二十一日，教育部宣布恢复已经停止了十年的高考。七七级中文三十五位同学都是通过两次考试后，被扩招录取的幸运者。刚入校时，我们学校叫浙江师范学院温州分校，在我们入学之前，它还是温州地区师范学校，属于中专，校友中还有工农兵学员尚未毕业。没过半年，温州师范专科学校就正式成立了，同时也迎来了七八级的新生。说是七七级，其入学时间是在一九七八年五月；同学里有工人、农民（知青）、民办教师、代课老师、应届生，年纪相差大的有十几岁。专业虽为中文，可我和班上近一半的同学都是理科生；说是高校，教师都是原温师的老师，课程和课本都是不齐全的，有好几门课程没有正式教材，只有油墨印刷的讲义，有的课上了大半教材才到。但这些丝毫不妨碍老师的倾心教学和同学们高涨的学习热情。

教过我们的老师人数超过了学生，除了本校教师外，学校还外请了温籍学者、教授给我们班上课或开讲座，现在还能记住的有赵瑞蕻、王季思、苏渊雷、唐湜。入学前，除了鲁迅的作品，我几乎没有阅读过可以称得上文学的作品。入学后，有老师的指导和同学的帮助，加上自己恶补式的阅读，用最笨的办法背书，渐渐地有了一点积累，也喜欢上了文学。当时的文艺理论还是以典型环境塑造典型人物、批判现实主义为主流，浪漫主义诗人除了雪莱、海涅，其他很少提及，而我正值诗情泛滥的年龄，很想听听唐湜老师讲授浪漫派诗歌的赏析与创作，一睹诗人的风采。但唐老师是来上传统戏曲课的，我心里不免有点小小的失望。

第一声问候

因为人数少，我们班的座位都是固定的，我坐在第一排。那天唐老师穿着深灰色中山装，风纪扣扣得紧紧的，走路不带一丝风，一张圆圆的脸，一双圆圆的眼，一副人畜无害的温厚模样，并没有我想象的如徐志摩般风流潇洒的气度和风采。上课了，班长童小豹元气十足地喊了一声“起立”，大家齐声问候：“老师好！”按惯例，接下来是老师的回复：同学们好，请坐下。这种时钟一样刻板的课堂礼仪，却出现了异样，唐老师的表情紧张甚至有点惶恐，他定定地看着前两排中间的同学，沉默了一会儿，然后用很小的音量，怯怯地说道：“同志们好！”大家一下子被这句问候语惊到了。第一堂课讲了什么内容，已被时光牌橡皮擦还原成一张白纸，唐老师讲课“口将言而嗫嚅”的神态，成了我们班同学的共同记忆。

我一直纳闷，从一九四九年到一九五二年唐老师分别在温州师范学校、温州二中、上海罗溪中学、北京第十二中学当过老师，用现代网络语言来形容，是位“老司机”啊，怎么会怯场呢？

为了写这篇回忆文章，我向民进市委会的黄乐萍女士和市图书馆的卢礼阳老师分别借阅了《一叶的怀念》《民族戏曲散论》，读了这两本书，我自忖有了答案。诗人的内心世界里存有一个“浪漫主义的幻想天国”，他想“让异国的诗人们引导我去漫游象征的森林、和谐的诗的王国”，他要“海阔天空的自由探索”新诗的创作。但在现实世界里，他遭遇政治风暴，经历了人生的“至暗时刻”。一九五八年他作为《戏剧报》的记者，被戏剧性地划成了“右派”，与中国文艺界的诸多“右派”被流放到东北兴凯湖农场劳教，“去经历严峻的沉默的三年”。于是便有微博上的，北大荒“右派分子”生活纪实中“有位温州人唐湜，诚实而木讷沉默”的记述。一九六一年解除劳教回乡之后，因为没有固定的工作，诗人陷入“生涯的窘迫与心情的郁闷”，后来在温州房管局下属的修建队做一名临时工。在给我们上课前，他也许刚刚放下拉了十年的板车，从尘土飞扬的建设工地，换下工装，穿上正装，转场到宁静的课堂，给中文专业的学生上课。这之间的转换缺乏过渡，怯场就是正常的事儿。

那双“兰花手”

唐老师的讲课音量很小，有时像耳语，也不流畅；唐老师写的板书既不规整也没有层次，专挑黑板上光线好的地方写，书写习惯不是现在的“横行”，而是从左往右，从上往下竖着写，因此课堂笔记很难记。但课堂气氛并不沉闷，有时甚至是生动活泼的，他会用肢体语言来弥补口头语言的不足。

有一次，他给我们介绍京剧旦角表演中的手部造型——兰花手，他以梅兰芳主演的《贵妃醉酒》为例，解析梅兰芳如何通过变化多端的兰花手，表现人物的性格和复杂的思想情感。唐老师用自己粗糙的手摆出各种兰花手，大家也跟着他比试着，课堂里充满了欢声笑语。传统经典戏曲旦角的兰花手造型，是如此优美雅致。然而，十年浩劫期间，传统戏曲被贴上“封、资、修”封条。亲历过“文革”的人，对现代京剧样板戏都是耳熟能详的，其中的女主角大多穿着打补丁的衣服，发型也是固定的——年轻的长辫，年老的盘髻，中年的齐耳短发，手型以“刀片”和拳头为主，动作刚劲有力，充分体现了毛主席的 “革命是暴动，是一个阶级推翻一个阶级的暴烈的行动” 的革命思想，整个社会把粗野、粗鲁当作美，以缺乏文化修养为荣，“知识越多越反动”是当年的主流意识。如此荒唐的年代，怎么容忍诗人作“幻美之旅”？ 唐湜老师早年诗作，不仅有唯美画面感，诵读时还可以领略到节奏和韵律的和谐，富有音乐之美。我想，除了受欧美现代诗的影响外，唐湜老师对中国传统戏剧的喜爱和素养，或许是他诗歌成就的一个源泉。他在《民族戏曲散论》这本书的前言说道：“我从小就对民族戏曲有着深深的喜爱”，“二舅父王季思是昆曲名家吴瞿安先生的学生”，“在那里，读了不少元人杂剧与明清传奇，听了杨小楼的《刀会》《夜奔》……”。唐湜后来到《戏剧报》工作，听戏、看戏、评戏就是日常工作了。音乐是传统戏曲重要的表现要素，京剧四大名旦因其各具特色的唱腔成就了京剧音乐的最高典范，诗歌与传统戏曲在音乐性上是相通的。

再次见到唐老师大约是在一九八一年冬季。一九八〇年师专毕业后，我分配到平阳师范学校任教，担任英语专业学生的语文老师，教学任务是外国文学作品赏析。那年温师专召开外国文学作品研讨之类的会议，曹维昆老师特意通知我参加，增加一些见识。在会上，我再次见到了唐湜老师。这次见到的唐老师穿着呢子大衣，依然温厚，和颜悦色，说话慢慢的，但神情是飞扬的，可以看出他的内心是欢欣的，我们进入了新时代。

唐老师二〇〇五年去世，至今已近十五年了，再过些日子就是他的百年诞辰。天国没有恐惧，没有惊扰，“愿他有阳光样金色的幸福”。

二〇一九年六月

怀念叶曼济老师

冯大明

在我书房墙壁上，挂着两幅高雅典丽的《仕女图》，它摒弃了许多画家笔下仕女形象弱不禁风的固定模式，画作工笔重彩，造型生动，给人以全新的视觉享受。《仕女图》出自著名画家叶曼济先生之手，已伴随我整整四十二年了。说起画的来历，尘封的往事并不如烟……

乍见欢今生有缘

那是早在一九六七年，我患病从新疆兵团回到温州休养。正是“文革”初期，社会风气堕落。那时我在温州既没有户口，更没有工作，消沉过、徘徊过，常常扪心自问：难道就这么沉沦下去吗？就在这时，我有幸认识了这位才高八斗、高雅慈祥的艺术家。

记得那是初夏的一天下午，天气暖洋洋的。我受托去看望一位新疆兵团战友的父亲。我小心翼翼地敲响了县学前老宅右厢房的双片门，稍等片刻，门“吱呀”一声开了，在我眼前是一位十分清秀的先生。他头发稀疏，高高的鼻梁上架着一副精致的金丝框眼镜，身材也显得十分轻巧，而眼光却略带惊奇。我猜想，眼前这位肯定是叶曼济先生了，便抓紧自我介绍，并说明来意。他彬彬有礼地同我打招呼，并连忙请我到他书房就坐。出于对子女的牵挂，叶先生仔细地询问新疆兵团农场的情况，哪怕点点滴滴他都想知道，我则尽可能详细地给予解答。当听到南疆兵团新建农场那极其艰难日子的情形，他不禁神情黯然，真是可怜天下父母心啊！

为了打破一时沉默的气氛，我下意识地站起来，欣赏起挂在书房墙壁上的《梅花图》。其实，我从初中时起，就是一位“文艺青年”，对文学戏剧名作如痴如醉。特别对托尔斯泰、普希金、莎士比亚、茅盾、曹禺等巨匠奉若神明。高中时仰慕叶先生编导的话剧，还有幸看过先生自编自导的神话剧《东海人鱼》，心中留下极为美好的印象。我自己也曾将王愿坚的小说《党员登记表》改编为独幕话剧，在学校里演出，一时引起轰动。因此，我们的话题自然而然地从苦涩的支边生活，转到文学与戏剧上来，谈起了曹禺先生的《雷雨》《日出》等等。也许叶先生没料到我会主动谈这些，他感到十分惊喜，眼里居然透出光亮来。于是，我们虽然初次见面，却很快有了共同的话题。当然，我虽然酷爱文学戏剧，但是读些鸿篇巨制只是囫囵吞枣，今天有幸遇到自己久仰的老师，又近在咫尺，当然不想错过请教的机会。然而，当我怀着强烈的好奇心，主动谈起温二中话剧演出与市文工团的神话剧《东海人鱼》时，叶先生轻叹一声，“嘿，那都是过去的事了！”打开的话匣子又戛然而止，先生定有难言的苦衷，神情顿时暗淡了下来。

叶曼济

同为天涯沦落人

此后，我竟成了叶先生书房的常客。那时，他早已离开他心爱的市文工团，在温州市瓯塑厂当一名画师。“文革”武斗后，厂里生产几乎瘫痪，平生孜孜不倦的他，难免失落与空虚。而我则因患病在家休养，等待办理病退手续。仿佛同为天涯沦落人，虽年龄、经历、身份十分悬殊，却相互有谈不完的话题。遇到他心境好的时候，他就会给我讲莎士比亚的《罗密欧与朱丽叶》，讲曹禺先生的《雷雨》和《日出》等等。遇到心境好时，他眉飞色舞，兴高采烈：“《雷雨》在特殊的历史环境下抨击了旧礼教，家庭冲突的戏剧性充分体现，人物关系设置十分精彩，用人物语言来刻画人物，表现手段匠心独到，真不愧是中国戏剧的巅峰之作。”叶先生总是讲得那么精彩，言语间透露出他对戏剧艺术的爱。也就从那时开始，我对《雷雨》与《日出》也就更加喜爱了。

那段时间，我因无聊，不懂礼貌，常去打扰先生，现在回想起来仍十分愧疚。然而，先生对我这位不速之客从不拒之门外，总是笑脸相迎，让我进他的书房坐，还给我泡茶。他更多的时间是在画画，描着各种各样的图案，有《红楼梦》中的人物，有花鸟，也有山水；有笔法十分细腻的工笔，也有潇洒自如的写意。画了一张又一张，像是在积累素材吧。叶先生有着深厚的文学功底，如他对《红楼梦》的各种人物形象、个性如数家珍。他又有典雅的审美观，因此，他笔下的人物，无论是金陵十二钗、飞天仙女，还是东海美人鱼、采莲浣纱女，个个美若天仙，形象生动。对于画画，我是门外汉，但也十分喜爱，就在一旁静静地坐着，认真地看着。他的书房设在中堂后朝北的小房间，真可谓夏热冬凉。先生也许是体虚，常常会盗汗，夏天他总在桌子旁放一条小毛巾，不时地去擦脸上与手上的汗珠。那时没有空调，连电风扇也没有，尽管他时常擦汗，一不小心汗水还会滴落在宣纸上。每当这时，他总会停笔抬起头，略带歉意和惘然地说：“现在画这些东西，以后还有用吗？”是的，在那荒蛮的年代，谁能说得清楚啊！但是先生干一行爱一行，行行都取得非凡的成就。不过，他这么出汗，很容易疲劳的，我很想劝他停笔休息。但面对这么执着的他，这句话始终说不出口，只在一旁默默地坐着，看着。就这样，我们成了一对“亦师亦友”的忘年交。

落红更是有情物

叶老师总是把自己的病痛与烦恼深深地埋在自己的心底，不想给他人增添一点点麻烦，而对他人总是有发自内心的热情与关心。有一次我又登门，叶老师在画画，画得很专注，很投入，我也看得挺有兴致，时间一下子临近中午了。这时师母进来热情地说：“今天难得，大明就在这里用中餐吧！”“谢谢，不用了！”我连忙站起来表示谢意。叶老师放下笔：“好的，我去烧几个菜。”不一会儿，我们去厨房用餐了。一看桌子上的菜，真让我惊喜，早听说叶老师才高八斗，心灵手巧，今天的家常菜做得真是色、形、香、味俱全。清蒸鱼像会跳跃似的，芥菜炒冬笋翠白相间，而小葱西红柿蛋汤，则红黄绿三色鲜艳亮丽，让我欢喜不已，不忍下筷子。

有一段时间，我好几个月没去打扰他。当他得知我是病了，就准备好营养品，让师母来我家看望我。他与师母心中都明白，我虽也在看书学习，但因长久“无所事事”忧心忡忡，是忧虑加疾病啊！他总劝我一定把眼光放长，相信一切很快会好的。当我拿着老师送的营养品，感动得说不出话来。现在想想真是内疚，那时没收入，也从来没给他拜过年，送营养品什么的。就我新疆回来时给他带了点马奶子与无核葡萄干，他多少年了还挂在嘴上说，这是他吃过最好吃的葡萄干。真是“桃花潭水三千尺，不及叶师送我情”啊！

时间就这么静静地流淌着。冬天来了，春天还会远吗？后来，我终于病退回温，参加了工作，当了一名铸工。天天在近千度高温的熔炼铜铝炉边摸爬滚打。虽然工作忙了，我还不忘抽空去看望叶老师，去看他画画，听他讲如何将绘画艺术和立粉壁画结合。我真佩服，叶老师深爱仕女画，让他离开心爱的事业，去搞瓯塑，却毫无怨言，同样那么痴迷，做到了传承与创新的完美结合。确实，是金子总会发光的。后来，我开始在工余时间学习写作，他听了异常高兴，鼓励我说：“大明，努力吧，你会有出息的！”我的第一篇小说和戏剧的习作，都送给他看，请他指点修改提高。对我那些十分幼稚的文章，他都郑重其事，戴起老花镜，字字句句认真地看。虽然他的评价总是以鼓励为主，但也能从中体味他的良苦用心。

岁月不饶人。到了一九七七年，虽觉事业未成，但已到该成家的时候了。八月份，我们按照温州人的习俗订了婚。几天后，我给叶老师送去喜糖，他与师母都喜上眉梢，很为我高兴。那天我看他正在画一枝红梅，那梅花图画得生气勃勃的，很令人喜爱。叶老师看我很感兴趣地看着，便解释道：“有个年轻工友要结婚了，要我画张画挂新房，要成人之美啊！”老师的心地那么善良，总要把最美好的东西带给人们。此时“文革”已经结束，老师心境难得的好，格外高兴。因而在我眼里，书房窗外小院子墙边花坛上那几支青竹也显得格外翠绿。那天，我们聊了挺久，聊了不少。临走前我鼓起勇气恳求叶老师：“我打算年内完婚，想请您为我新房画张画好吗？”“好啊，画什么好呢？”没想到，叶老师欣然答应。“我当然最喜欢您的仕女图了，但不知您有否时间画啊？”我斗胆说道。“可以啊！”叶先生居然满口答应。“仕女画，被人说成封资修的东西，还有用么？我就画劳动女性吧！”“好，好！”我满心喜悦。

叶曼济赠作者画作

时间过去四五个月，一天傍晚，我已下班回家，忽然听到楼下有人喊我的声音。我从窗口探身一望，真没想到是叶老师来了。我急忙飞奔下楼，到了大门口，只见老师打着伞，站在濛濛细雨中，另一只手捧着用报纸细心包好的画作。他把画作递给我："按你的意思，画了几笔，不知道你喜欢否？"老师的话总是那么谦和。"肯定喜欢的！上楼坐坐吧！""不了，你一天做工下来挺累的，晚上还看书学习，很不容易啊！"说着，叶老师就匆匆告辞走了。看着他那瘦弱的背影在飘落的凉雨中渐渐地远去，我像服了五味子，心头一热，不禁泪盈眼眶。在小雨中，我一直眺望着，直到他的身影完全消失，才猛然回头急奔上楼。我迫不及待地打开画卷，叶老师潜心作画赠送予我的竟是一对工笔与写意相结合的仕女画，一幅为《浣纱》，一幅为《采莲》。仕女画是那么高贵雅致，又富于新时代的气息。画面上无论是人物、山水、花鸟，线条及色彩均美极了。两幅画仅人物就有神态各异的七个人，足见老师投入精力之多，用心之良苦。老师还用他那潇洒的行草分别题款。《浣纱》上题"修竹千竿溪百曲，风光留与浣纱人"，落款是"曼叟"。而《采莲》则题"横塘十里歌声起，满载莲房带笑归"，落款是"丁已冬，曼叟"。先生的题款，更为画作增色不少。我看着画，欣喜激动不已。自己何德何能？只是一个临时工，却得老师如此厚爱，三生有幸啊！那时还没有专门做书画框的店，我就托人定做框子装裱，把仕女图挂在新房的墙上，顿时全屋蓬荜生辉，来客人人赞口不绝，成为我们婚房最为亮丽的风景线。

疏忽竟成终生憾

几年后，改革开放的春风使社会巨变，也给我带来新的生活。一九八二年我被破格任用，担任了温师专校报编辑部编辑工作。这期间我没日没夜地工作，曾为众多有突出贡献的知识分子写过文艺通讯、报告文学。此时，叶老师的《飞天图》参加全国工艺美术展，他又出席北京全国工艺美术创作设计座谈会，《飞天》邮票荣获全国邮票设计一等奖，种种荣誉接踵而来。我曾向老师表达想为他写篇报告文学的想法，却被叶老师婉言谢绝了。我虽然觉得很惋惜，但也很理解，这是他为人处事一贯的风格啊！到了一九八四年，经组织推荐，我考入省电大管理干部专修科，全脱产两年学习。其间，我用了整整一年多的时间，以话剧与电影《雷雨》《日出》为例子，从理论上潜心研究以话剧改编电影之间的关系，写成万言毕业论文《试论从话剧到电影的形式过渡》，取得论文评定与论文答辩全优的好成绩。论文很快在《温州师专学报》上发表，并被中国人民大学《电影电视研究》（一九八六年十一月刊）全文转载。我把期刊送给叶老师，以感谢多年来恩师的悉心教诲与关怀。叶老师拿着期刊，认真地读着读着，他带皱纹的脸上有了笑容，会心地笑了。此后，我调到温师院办公室工作，跟着领导参与学校的改革发展的重大活动，可谓夜以继日地工作着，很少去看叶老师。粗心大意的我，竟不知那时叶老师已身患重症，并已动了大手术。从未孝敬与侍候过他老人家，直至他老人家临终也没有为他送最后一程，一失足竟成了千古恨，人生没有后悔药，但至今仍自责不已，无法自谅。

多年来，我曾三次乔迁新居。从有书房起，我一直把这两幅《仕女图》挂在书房书桌对面的墙上，它一直陪伴着我读书、学习和写作。尽管后来我也陆续收藏了一些名家的书画，但叶老师的画被我视为镇宅之宝，四十二年来一直挂在我的书桌对面，从未变动过。虽然，我并非叶老师的入室弟子，更没有在他指导下学习他的最拿手绝活——古装仕女画，但他却是在我人生最低落、最困惑时期的良师益友，他传授给我知识，增长我的智慧，是我生活力量的源泉，更给我人世间最宝贵的情谊。每当看着这两幅百看不厌的画作，我眼前立即会浮现老师那睿智的目光、和蔼的笑容和那孜孜不倦伏案作画的瘦弱的身影。叶老师创造的种种美，留给了人间，留在我的心田里！近几年来，我与温大书画院的同道投身到文化公益事业中去，也是要把他老人家给我的那份爱传承下去，把他一生追求的美好传递给社会。

时光荏苒，叶老师仙逝已整整三十二载。今年是他一百零五周年诞辰，写下这篇拙文，是我的夙愿，弥补我内心深处的愧疚，更表达深深的眷恋与永远的怀念！

二〇一九年二月十六日夜

纯正的人 纯正的书

——我所敬重的黄胜仁先生

卢礼阳

黄胜仁先生走了。

星期一（九月十六日）晚上，获悉温州市政协文史委原副主任黄胜仁先生十五日清晨辞世，享年七十九岁。

一时之间不免吃惊，感情上难以接受。虽然黄先生最近两年身体欠佳，但总体情况趋好。记得今年正月初七（二月十一日），偕同潘一钢兄、方韶毅兄前往新城松园看望，得知黄先生中医调理之后颇有起色，精神稳定，大家如释重负。

就在一个半月之前，为修改一篇文章，我曾专门挂电话给黄先生，了解“文革”之初，梅冷生（市图书馆馆长兼市政协文史工作组副组长）将市政协一大批文史稿件转移到图书馆保存的经过，黄先生兴致不低，谈了将近十分钟。他用“逃过一劫”一词来形容梅先生的转移与保存之功，恰如其分。有鉴于此，拙稿见报时我新拟了标题“抢救城市记忆”。而《温州文史资料》创刊号为何没有出现他的名字，黄先生电话里也做了解释，第一辑未经手，前言所提诸人，张学义，分管副主席；黄世寅，市政协办公室主任；吴杰，民建市委副主委。当时政协没有单独办公大楼，与市工商联合署办公，“寄人篱下”。文史委也暂时未配备专职干部。正月初七，最后一次会面。七月二十六日，则为最后一次通话。言犹在耳，怎么说走就走了呢？

我是怎么认识黄先生的？回想当初的情景，具体细节已经淡忘，但不外乎胡福畴与马允伦两位前辈的关照，大约在一九八九年。胡福畴先生，温师院退休，第四届市政协委员，看了我的几篇习作，就与朋友黄心田先生介绍我。心田先生以前供职于广播电台，当时是市政协办公室副主任兼文史委副主任。差不多同时，或稍早，马先生也向市政协推荐了我。他们两位古道热肠，不约而同，尽管事情没有如愿，但由此结识黄先生，并开始了与文史委长达三十年的密切联系，还是很温馨的。

黄先生早年在杭州大学历史系就读，尚未毕业，军队向高等院校招收文职干部，他应征入伍，后来在师部宣传队担任队长。部队转业之后，在温州有机化工厂（三维集团前身）、市电子工业局工作，八十年代前期调入温州市政协机关。在市政协，第一份工作是综合科科长，协助市委统战部做落实知识分子的工作。后来才转岗到文史委，先做办公室主任、文史资料编辑部主任。就在他做文史委办公室主任的时候，我应约前往拜访，往后屡屡向他请教，受益良多。一九九三年，黄先生升为文史委专职副主任。任内经手编辑《温州文史资料》第二辑至第十二辑，直到一九九八年提前退休。

黄先生编文史资料超过两届。这是很少有的。因为年龄关系，他以后的文史委主任，一般只做一届，有的一届不到（当然是其他因素）。黄先

二〇一九年春节，作者（右一）与潘一钢（右二）、方韶毅（左一）一道去探望黄胜仁先生（左二）

生毕竟是科班出身，又有自己的见地与抱负，任内多方筹划，特别注重“三亲”史料的征集与挖掘，其中第十辑《东瀛沉冤》，带有抢救性，分量又重，最有代表性，为人所称道。

这部《东瀛沉冤》，广泛收集了一九二三年“日本关东大地震屠杀华工案”的相关史料。在收集省内外档案馆及报刊资料的基础上，并编入幸存者、当事人及遇难者家属的珍贵回忆，海内外专业人士如仁木富美子女士、章志诚先生等人的研究文章，尤其是第一次完整地公布旅日蒙难华工的名单（包括失踪、受伤，总计七百十六人），借以告慰屈死的同胞。而黄先生本人在一九九三年九月应赴日出席“日本关东大地震屠杀华工案”七十周年的纪念活动，并顺道参观外务省外交史资料馆、横滨开港资料馆，得以查阅与惨案相关的大量原始档案，包括当时日本当局如何策划掩盖真相的记录、外交专使王正廷赴日调查交涉时日本情报人员的监视报告等等，满载而归，可谓不虚此行。

当时市政协与市人民对外友好协会，通过省人民政府外事办公室报请外交部批准，在温州城区华盖山适时重建吉林义士王希天君纪念碑（温处旅日蒙难华工纪念碑），“明史实以告慰逝者，昭后人以永固友好”。黄先生作为其事的参与者，全力以赴，并撰写《沉冤昭雪前后》一文，包括“重申沉冤”“共扫尘封”“重树崇碑”“华盖葱茏”“永固友好”五部分，全文两万七千言，翔实生动记叙了调查档案资料、访问幸存者、恢复纪念碑、成立温州山区教育振兴基金会及举办七十周年纪念活动的全过程，本身就是一篇有血有肉的“三亲”史料。正因为这一集内容独特、题材重要，省政协文史资料委员会主动提出与温州方面合作，同时列为《浙江文史资料》第五十七辑，一九九五年六月由浙江人民出版社推出，印行三千六百册。此书随后在全国政协系统获奖，自然是后话了。

在重点组织“三亲”史料的同时，黄先生关注晚清乡贤遗著的征编工作，得到文史委两位同仁的大力配合，先后出版《孙诒让遗文辑存》与《陈虬集》，满足了海内外学术界的需要，深受各地读者的欢迎。

黄先生在《温州文献丛书的肇始者》一文中欣慰地说："政协文史资料工作，主要是征集研究近现代温州的人与事的资料，有关清末民初的资料，我们尚少有所得。一九八九年冬，文史委委员张宪文先生经数年之努力，搜集乡先贤孙诒让遗文著作，辑编成《孙诒让遗文辑存》一书，应我们之约，作为《温州文史资料》第五辑，由浙江人民出版社于一九九〇年五月正式出版。此书出版发行后，引起广泛关注，多有好评，许多识者期盼着能有更多的先贤遗文整理出版，"以光我温州人文脉络。"中央文史馆馆员杨天石先生出差温州，我陪同胡珠生先生去宾馆看望客人，杨先生主动提到《孙诒让遗文辑存》，认为出得及时，很有参考价值。

此后，黄先生获悉胡先生《陈虬集》虽已脱稿，但尚无出版渠道暂搁手中。宋恕、陈虬和陈黻宸，合称"东瓯三先生"，是晚近温州先哲中的佼佼者。得知胡先生的状况，黄先生便约请他将书稿交付文史委，作为《温州文史资料》第八辑，由浙江人民出版社一九九二年十二月出版。文史委特地为此举行首发式，"与会者对《陈虬集》予以很高的评价，也赞许政协文史委继《孙诒让遗文辑存》之后出版《陈虬集》，为地方文献整理出版又添一彩"。正因为如此，胡先生情不自禁地称文史委是温州的"半个出版社"。

黄先生任内编辑的《温州文史资料》，既有综合性专辑，也有工商经济史料专辑（如第六辑）、文化艺术史料专辑（如第十一辑）、历史文献专辑（第五辑、第八辑），还有侧重华侨史料的专辑（如第七辑）。尽管题材不尽相同，但万变不离其宗，可以用两个字概括：纯正。

纯，指的是不相干的元素尽量不掺入，纯粹可亲。黄先生经手的《温州文史资料》，从不开列文史委成员的名单，更不会把政协主席、副主席以及其他人列为主审、顾问之类的名义堂而皇之地登出来（当然，某位负责人确实审过稿，在前言后记中交代一笔即可）。二三十年之前，文史委换届与届中增补成员，报纸都会及时发消息登名单，因此黄先生以为文史委的名单就不必在书中刊登。有位老先生多年协助文史委工作，流露出成为文史委特邀委员的心愿。黄先生明确而婉转地表示拒绝。

正，指的是其内容吻合亲历亲见亲闻的“三亲”特色，品质正宗。有时附带收录相关文章，也是考虑到稿件具备间接“三亲”的特点（见《温州文史资料》第十二辑前言）。举例来说，第七辑收入梅冷生的口述《慎社与瓯社》，胡福畴的《梅冷生先生传》，两篇文章之后各有一篇附录，即梅冷生《慎社第一集》序、王敬身为梅冷生《劲风阁遗稿》作的序言。梅、王两序之前都发表过，为便于读者查考，黄先生一并收入书中。可见他工作的务实与灵活。

如果说，梅冷生是温州政协早期文史资料工作的奠基人，那么黄胜仁是新时期温州政协文史资料工作当之无愧的开创者。这是我敬重黄先生的一个方面。

就在《陈虬集》的首发式上，胡先生提出倡议，趁势而上，继续整理出版乡先贤遗著。会后，市政协副主席兼文史委主任马允伦先生，邀请胡珠生、胡今虚和黄先生等一道商量如何开展这项工作。考虑到此项浩繁的文化工程，非文史委一家所能独力承担，一九九六年四月市政协六届四次全会上，文史委提交“关于设立温州先贤遗作征辑委员会及基金会的建议”的提案，建议由市政府主要负责人担任主任委员，并申请三十五万元作为启动资金。于此也可窥见黄先生的眼光与情怀。

这份提案开始受到高度关注，后来却无疾而终。究竟怎么回事？

黄先生不无遗憾地透露：“一天，高忠勋同志（时任市政协主席——引者按）告诉我：开会时遇见市长钱兴中，询问这件提案的处理意见，钱市长说提案很好，已经批复，至于经费，表示可以从市长经费中拨给。得知此复，我们很是兴奋，兹事体大，马允伦副主席遂在主席办公会议上做了全面的汇报。不意有位副主席接过话题说，政协不是办理具体事务工作的机构，你们文史委搞好本职工作外，有多余力量要办也可以（大意）。一番话如醍醐灌顶，使我们‘清醒’了不少。如此一来，政协文史委对此项工作也就止步了。”

这位副主席冷水如此一泼，黄先生精神颇受刺激，自在情理之中。后来传说这位副主席将转任正职，加上正主任（专职）即将调入，担心事多掣肘，难以作为。黄先生就递交了提前退休的申请报告，并获得批准。我想，黄先生晚年的“消沉”与此不无关系。

黄先生提早进入退休生活，开始我们还不时在市历史学会理事会与学会年会上碰面。后来会长被不正常更换，作为副会长的黄先生也意兴阑珊，逐渐淡出。因为谈得来，共同语言多，起初我常去造访黄先生。有一年，黄先生在小南门巴黎大厦附近后面弄堂里有一小套，闹中取静，一周有几天在那边看书与健身。那个住处我去过好几趟，他告诉我王大兆送了一套台湾出的《传记文学》，香港出的《明报月刊》，前者披露了不少新鲜的材料，他很感兴趣。

调到图书馆之后，事情一忙，走动就少了。但有合适的活动，我尽可能邀请或建议邀请黄先生参加。比如《温州文献丛书》首发式、《瓯风》新刊的首发式、《温州通史》的座谈会，以及《温州莲花心抗战史研究》的新书发布会，只要时间与身体许可，他都会出席捧场。

有一次两会期间，分组讨论结束，看时间还早，我提议一钢兄一同拜访黄先生。最近四年，几位好友结伴看望黄先生，选在春节之后的第二个工作日，或者第一日，逐渐成为惯例。

打开近几年的日记，重温当时的情景，感触良多。黄先生，不仅他出的书纯正，他这个“人”也纯正。

> 2016年2月15日周一 初八 晴
>
> 上午与一钢兄、志华兄看望沈老师、黄先生。黄先生谈《籀园》金陵记厨师叶国光文、忆往年编辑文史资料事，参与落实政策工作，赢得各界人士信赖，为往后组稿打下良好基础。如陆雨之。
>
> 《籀园》文两处欠缺，不知是金陵记错还是叶讲错，脚踏菜咸，当月初是男子，和尚可以，尼姑绝对不可以，脚洗干净，除湿气，踏一阵，覆一层盐，再踏。做鱼圆，黄鱼并不合适。近日托儿子买来王伯祥《史记选》。以前在杭州读书，听李子跃讲课，用王伯祥此书做教材，李约法三章：课堂可以睡觉，但不能打呼噜（前两章忘记）。郑超麟回忆录有内地与德国版本，内地删除早期建党党人私生活一章，《炎黄春秋》据内地版转载，郑致函抗议，《炎黄春秋》刊登来函并全文照发。曾猛文，胡珠生复印件所借并非原稿，而是删节稿，比如曾与吴毓关在同一个监狱，曾讥讽吴：你不是不愿与我们一道抗日，要跟国民党共同抗日，怎么与我关一起？担心太刺激而去掉。这篇稿子给正副主席每人都看过，意见不统一，高忠勋与我专门送市委领导过目，他表示：还是慎重一点为好。因此压下未发。

陆雨之，也是市政协委员，阅历丰富，感动之余，一发而不可收拾，先后提供《忆温州诗书画家刘景晨先生》《我所知道的杨雨农》《光明火柴公司简述》《金三益绸缎局及其经营特色》《我所知道的陈守庸》等多篇回忆文章，可读性很强。

所谓市委领导，黄先生以前跟我提过，市委秘书长邵锡水，这次省略了姓名。

2017年2月6日周一 初八 晴

下午约一钢拜访两位老先生。志华兄开车送去，有事即转。

黄先生说《读书报》最近几期质量下降：不是内容，而是纸张。（中略）谈起退休前对明后两年的征集工作有过计划，一是电化厂氯爆事故，二是抗战八年人物，张淮南、邱清泉、梅思平、傅式悦、池宗墨等。即使前者会得罪某方，也没有顾虑。纪委书记睦孝忠到政协单独谈话，我是机关支部纪检委员，也被叫到。我明确表示，不赞成方提为副市长，化工局任内评为工程师，有以权谋私之嫌，当时大专毕业评工程师不符合条件。因为他老婆是组织部长，才行得通。梅思平不懂日语。

我说，黄先生惜墨如金。他说，王大兆也是如此评价：与王通信不少，回复简略，王批评我惜墨如金。

干部考察，不说违心之言，敢于向组织亮出自己的真实观点。他当综合科科长的时候，参加分房小组，具体负责调查政协干部与家属的住房面积，也是坚持原则，不怕得罪人。黄先生为人正派，显示了军人磊落果敢的胆识与作风，这是我敬重他的又一方面，当今社会，可以说是更稀缺的一面。

“惜墨如金”。黄先生退休二十年，据我所知，只写了两篇文章，而且都是我约的，很给面子。一篇纪念张宪文，发在《温州读书报》上；一篇回忆胡珠生，先刊登于《瓯风》，再交《温州文物》纪念专辑发表。

胡先生去世一周年，博物馆拟出纪念专辑，委托我组稿，七八月间我一个电话打去，黄先生没有推脱。十月二十三日，黄先生去市政协取体检表，顺道送稿子到图书馆。他说，年年一样，糖尿病，就是身高从一米六九缩为一米六二。递来《温州文献丛书的肇始者》一稿，七页，说：“我自己也不满意”，“最好不要登，做资料保存”。稿子后面，他自然提到那位驻会副主席。“某某某，小官僚，不赞成，可以理解。”此时黄先生心情平静，这也是一种境界。

关于“小官僚”，在送别马允伦先生的时候，黄先生也有一番议论。他说，马先生是学者，不是官员。他在世时是副主席，你们来送行，也派副主席做代表，好像主席自己来送就有失身份。其实，你来送，是给自己加分，抬高你的身份，并非提高马先生的身份。

2018年2月23日周五 初八 晴

与一钢、韶毅、志华看望沈洪保、黄胜仁、胡侠。黄先生肺部肿瘤，压迫声带，影响说话。去年底戒烟。黄太太说是中期，不准备手术，保守疗法。当年落实政策，主要是陈国钧、陈乾勋和他三人负责。

之前黄先生不止一次说起，当年拨乱反正，落实政策，我协助副主席陈国钧、统战部副部长陈乾勋做这项工作，接待过大批知名人士。市委秘书长刘锡荣，每周一个半天到市政协参加碰头会，听取我们的汇报，遇到疑难问题，当场协调、果断拍板，所以办事效率高。他说，这个事情我忙了好长一段时间，值得写篇文章回顾，现在知情人愈来愈少，也就我比较了解全过程。我还保留着当年的工作笔记。

但他迟迟未能执笔成文。因此今年初，文史委计划出版《我与温州同行》一书，讨论选题的时候，我就提出，约老主任黄先生写一篇。不久，副主任叶定强给我电话，黄先生表示身体不许可，难以从命。我当即说，叶先生，你应该上门，请黄先生口述，安排人做记录。记得前几年我跟韶毅兄商量，是否约一位记者给黄先生做访谈，而且考虑请晚报的一位朋友（王永胜）帮忙。韶毅兄说，那得黄先生先点头啊。因为缺乏紧迫感，一段弥足珍贵的记忆就这么流失了，后悔莫及。

> 2019年2月11日周一 年初七 雨
>
> 研究室新春第一天。约韶毅、一钢下午看望沈老师、黄先生。志华说到永嘉了，新书记工作抓得紧，现在就在开会。两位都是读书报的老作者，一位八十一，一位七十九。黄先生气色比去年好，中医调理效果相当不错，师部宣传队老战友得悉，派四位代表专程来温州慰问。战友、大学同学、有机化工厂工友三个群，均师母代为打理。

文史委积压了“托派分子”的几篇回忆，一直没有刊出。这也是黄先生的一个心结。《瓯风》第四集推出王国龙的口述自传，《瓯风特刊》又发表曾猛的回忆文章，黄先生很赞赏。一次，我顺便提起，沈克成多次访问周任辛，做了八个小时的录像录音。他表示出浓厚的兴趣。我说，沈先生曾经答应转录一份交图书馆保存。“到时候能不能借给我听听。”“当然可以。等沈先生空一点，我托他录制。”不成想，因为我的拖拉，这一心愿也难以兑现了。

今年正月，我们三人拜访黄先生，临别之际，韶毅兄说：“黄老师，明年我们再来看你。”谁成想，黄先生过早辞别人世，没有机会了。呜呼哀哉！

二〇一九年九月二十日晚初稿，九月廿三日清晨改定

谢灵运未写罗浮诗

沈洪保

二〇一九年三月二十日《温州晚报》刊登了一篇《罗浮双塔：一块北宋塔碑见证温州佛教传布历史》，此文开头写道：“‘罗列河山共锦绣，浮沉沧海同行舟。’南朝宋时，我国山水诗的鼻祖谢灵运在永嘉郡任太守时，曾乘舴艋舟过瓯江登罗浮山赏景吟诗，留下了如此诗句，将罗浮两字巧妙地嵌在其中。”

还有《当代世外桃源》等文又写道：“‘叠叠云岚烟树榭，弯弯流水夕阳中’，是山水诗鼻祖谢灵运对楠溪江如诗如幻般自然景观的最好描述。”

这些文章的描写，说得煞有介事似的，其实都是毫无实证的无稽之谈。

只要对中国古代文学史有所了解的，就知道南北朝时期的诗是处在

“五言诗”时期，当时的诗人大都是写五言诗的。譬如比谢灵运稍早的陶渊明，他写的《归园田居》其一：“少无适俗韵，性本爱丘山。误落尘网中，一去三十年。羁鸟恋旧林，池鱼思故渊。开荒南野际，守拙归园田。”等都是五言诗。

又如比谢灵运稍迟的谢朓，他写的也是五言诗，如《游东田》中的“远树暖阡阡，生烟纷漠漠。鱼戏新荷动，鸟散馀花落”。而“罗列河山共锦绣，浮沉沧海同行舟”“叠叠云岚烟树榭，弯弯流水夕阳中”这些诗句，仿佛是律诗中的七言对句。谢灵运根本没有写过七言律诗。那个时期还没有产生像后来唐朝出现的格律诗，更没有七言的格律对句。从中国古代文学史上诗歌发展史这个角度考虑，这所谓的谢灵运的七言诗句就不可能是谢灵运写的诗句。

我们再去翻检《谢灵运集》。谢灵运的集中，除了少数一些四言诗与杂言的乐府诗之外，他写的都是五言诗。谢灵运永初三年（四二二）三十八岁秋天到景平元年（四二三）三十九岁秋天在永嘉任职，历时将近一年，他便辞官返回故乡会稽郡始宁县。他在永嘉郡（指今之温州地区）写了二十多首诗，如《晚出西射堂》《登池上楼》《白石岩下经行田》等等均是五言诗。再则，今日的永嘉县与谢灵运时期的永嘉郡是两个概念，谢灵运时期的永嘉是指今日的整个温州地区，而谢灵运写今日永嘉县的诗却只有《登永嘉绿嶂山》与《石室山》两首，都是五言诗。总之，他没有写过一首什么七言诗。谢灵运虽然写过一些含有七言句的乐府诗，譬如《鞠歌行》《顺东西门行》中是有七言句的，但也没有看到当今报刊上反复赞美引用的这些诗句。

谢灵运在永嘉（温州）也写过散文，如《游名山志并序》中的《石室山》：“楠溪入一百三十里有石室……”也没有什么“叠叠云岚烟树榭，弯弯流水夕阳中”这样的句子。《谢灵运集》中有一篇《罗浮山赋并序》，研究者都认为是在京师任职时写的，写作时间大约在元嘉三年（四二六）至五年（四二八）。是谢灵运离开永嘉以后在京师写的。而且从赋的序言可知，是谢灵运感梦作赋，写的也不是永嘉的罗浮，而是写广东的“罗浮山”。广东省罗浮山在东江北岸，风景优美，为粤中游览胜地，晋葛洪曾在此山修道，道教称为“第七洞天”。即使按有些人说的是谢灵运乘舴艋舟过瓯江登永嘉瓯北罗浮山赏景吟诗，留下了《罗浮山赋》。而这篇赋中也只写到“伊离情之易结，谅沉念之罗浮”这样的句子，根本没有什么“罗列河山共锦绣，浮沉沧海同行舟”这样的句子。

我们可以明确判定这些诗句不是谢灵运写的，那是什么人写的呢？会不会是后来的诗人写的呢？唐代诗人开始写格律诗，唐张又新在温州任太守时写过《罗浮山》诗:“江北重峦积翠浓，绮霞遥映碧芙蓉。不知末后沧溟上，减却瀛洲第几峰。”这诗中也没有报刊报道中所引的诗句。后来一些诗人也有写过永嘉罗浮山的诗，但都没有什么“罗列河山”这样的句子。假如仔细推敲起来，这“罗列河山共锦绣，浮沉沧海同行舟”的句子也是欠好的。“罗列河山”与“浮沉沧海”可以说是对仗的，但“共锦绣”与“同行舟”的对仗却是不工的，而且“同行舟”三字是“平平平”，这“三平”是不合律的。还说什么把“罗浮”两字巧妙地嵌在其中。这岂不是说谢灵运也写当代人常玩的“嵌名联”？又“叠叠云岚烟树榭，弯弯流水夕阳中”句中，“叠叠云岚”与“弯弯流水”是对仗，但“烟树榭”“夕阳中”是不对仗的，而且“烟树榭”还是欠通的。看来这几句不可能是古代诗人的作品，很大的可能是当代某某诗人的新作而被人引用。只是现在写诗的人太多，我实在无法检索追寻。

再顺便说说这些记者喜欢写到舴艋舟。“舴艋舟”是小船，李清照在《武陵春》中说“只恐双溪舴艋舟，载不动许多愁”。她指的是在溪水中划动的蚱蜢舟。蚱蜢舟可以乘风破浪横渡宽阔浊流滚滚的瓯江口吗？我想，温州人是聪明的，过渡瓯江口是会有较大的船只的。假如乘蚱蜢舟横渡瓯江口，我看一定是危险多多，很可能会被浊浪吞没，是不可能有那么多诗情画意的。况且谢灵运也没有在永嘉（温州)什么诗文中写到蚱蜢舟。说谢灵运坐蚱蜢舟去游罗浮山，这个想象力实在太丰富了一些。

在旅游业勃兴的今天，借助历史名人资源，挖掘历史故事，用心梳理文脉，认真策划提升，加强宣传力度，都是应当的。但谢灵运根本没有写过这样的句子，文章作者凭什么这样肯定地说谢灵运常来此游玩，留下了“罗列河山共锦绣，浮沉沧海同行舟”的千古绝唱呢？

这么多的文章做这些不实的宣传，影响是很大的，连《浙江日报》也有文章《文旅融合文化永嘉》说“楠溪江的水是有灵气的，这灵气，给了古代文人骚客创作灵感，王羲之、谢灵运等都在这里留下了不朽篇章。‘叠叠云岚烟树榭，弯弯流水夕阳中’至今流传。”而且连小孩子也受到影响，如有学生作文写道:“谢灵运有诗句赞：‘叠叠云岚烟树榭，弯弯流水夕阳中’……我们听了此诗，是多么身临其境！人们都被这迷人的景色所陶醉了。”幼稚的小学生也在跟着说起假话，你看是多么糟糕！

我们的旅游宣传一定要尊重历史的真实，细节是构筑历史大厦的砖瓦，千万不可随意胡诌，要尽力做到“无一字无来历”，要免于商业化的腐蚀，才能真正散发出深厚的文化魅力。没有确凿依据的，或还没有发现的，我们宁可暂缺，决不可为了“提升”而随意编造。现在这些随便下笔的文章，也许一时可以诱惑游客，但时间长久了总会露馅的。一旦露馅，各方游客即会对永嘉乃至温州印象不好，会产生受骗上当的感觉，会认为你们在做虚假宣传。

现在要搞瓯江山水诗路文化产业带建设，人文景观是旅游资源所特有的地方特色，我们一定要用实事求是的精神，去做好提升工作，使我们的景区能做到自然与人文结合，只有这样，才能增强吸引力与感染力，才能使中外游客对永嘉的山水有“沉醉不知归路”的美的享受！

二〇一九年四月十六日

孙衣言与“水心文风”的复苏

陈云昊

一八七五年（乙亥），孙衣言（一八一五——一八九四）见到桐城的青年后生马其昶（一八五五——一九三〇）的文章，写下一段评价：

> 姚慕庭婿桐城马生其昶以文来见，喜其简古有体，继复诒余书一篇，则陈义尤高也，生年甫二十而已有意介甫，他日岂可量哉？虽然，文章固有本焉，读书必多，蓄理必博，涵之为千仞之渊，而崇之为万仞之岳，则介甫不足为也。抑又闻之少年为文字须有春夏气，而生之文秋气为多，将有郁而不舒之患，则收敛之过也，宜稍纵驰之，于生之年为宜。并以质之慕庭。光绪乙亥冬日。（《题马生其昶文卷》）

孙衣言认为时年二十岁的马其昶，为文“秋气为多”，是“收敛之过”；与年龄相匹配的“春夏气”太少，“宜稍纵驰之”，更符合其实际的气质。相比之下，年数已到“知天命”之年的孙衣言，自己为文却也并不以“秋气为多”。这说明孙衣言对桐城马其昶为文旨趣的委婉劝诫，立足点并不是表明所言的年岁，而是针对桐城义法。

其实，孙衣言早年也是桐城义法中人，他尤其注重归有光、方苞之文。一八五七年，孙衣言与王拯在京师相友善，同学桐城文章学。王拯所编《归方评点史记合笔》被孙衣言所重视，并借来底本仔细校对。他记录了自己读到归、方评本《史记》的版本时压抑不住的兴奋感：

> 余既从定甫借录所传归、方评本，复索其初录本校之。初录本为明南监板，原有方侍郎三色评点，邵位西以为洪稚存传录者。定甫得之，而从梅伯言郎中借所录二色评本，并写于上。今取以相校，则定甫后录本尚有缺误。又方本有蓝绿二本，定甫并为蓝色而失其旧，竭十日之力复加校正，而别识其异同者于下方，以资参考。又稚存原笔似亦有误笔，而定甫初录方评，间或假手抄胥，又恐不能无失，恨不得两原本及梅伯言本更加细勘也。咸丰丁巳二月十八日，孙某又记于澄怀老屋。（《孙衣言孙诒让父子年谱》）

当时，年轻的谭献（一八三二——一九〇一）也在京师，附于“朱伯韩、王少鹤、孙琴西、冯鲁川诸先生”文游之末。他记载了当时这个士人群体究心于方、姚二集的文章学氛围：“诸君固学宋儒之学，传桐城之文。”后来，谭献看到时流所选桐城文章的弊端，不足以代表文章之学：“七家不足尽近代之文，此选（引按：指《七家文钞》）不足以尽七家之文。望溪安雅而失雄健，海峰整栗而病枵中，梅崖峻拔而苦蹶张，秋士清削而伤单薄，惜抱骨力音节足名其家而胸次为我法所拘，茗柯有韵味而少精神，大云有精神而短韵味，然皋文温然君子之风矣。”

谭献将这个宗法桐城文派的核心圈子勾勒了出来，围绕这个圈子的也包括后来振兴永嘉之学的孙衣言。一八七五年似乎是一条分界线：在此之前，孙衣言宗法桐城；在此之后，孙衣言将自己身上那种承接自孙希旦的学术取向，深化为一种文章学的自觉实践。

一、走出桐城：以“春夏气”救文章之弊

孙衣言自己文章曾师法桐城，言理不背程朱，但是其文章旨趣深受永嘉学派的影响。孙衣言在《同年朱芷汀学博文集序》（一八八六）中记载，其同年友朱舲（字芷汀）对孙衣言的《逊学斋集》有评价：“喜其意气豪宕，于一时利弊得失及同时人之邪正贤不肖，他人以为难言，或言之而不敢尽者，予顾一切尽言无讳。”朱芷汀读出的“意气豪宕”，正是行于孙衣言文章中的“纵驰”的“春夏气”。他自谦“独愧予之衰老惰废，不能复为水心语也”（《平阳汤大令骈文书后》），赞许汤绍卿“有类于宋之士大夫”如叶适（水心），“好学而能文”，其骈文“铿鍧乎五音相宣也，灿烂乎五色彰施也，殆水心所谓‘苏醒耳目’者乎”！（《又书汤大令文卷后》）

孙衣言借助乡先生水心叶公“苏醒耳目”之言，意在批判当时的时文颓风。叶适的原话，是针对场屋时文而发的：“予居水心村落，农蓑圃笠，共谈笑垄亩间，士人来多言场屋利害、破题工拙而已，周子实数过予，必示以先辈旧闻，每得一二耳目苏醒。”有意思的是，受到孙衣言赞许的文体正是为古文正宗所排斥的骈文。

孙衣言对骈文的推崇，影响了瑞安学子。受业七年的学生黄体芳精通骈文，尤其是律赋，代表作有《小杭州赋》（以“从来唤作小杭州”为

韵）、《汉书下酒赋》（以“此物下酒一斗不多”为韵）、《陈平宰肉赋》（以“宰天下亦如是矣”为韵）、《王右军五马出游赋》（以“绣鞍银勒出则乘之”为韵）等。《小杭州赋》写的是被北宋诗人杨蟠称为“小杭州”的永嘉，全文格式虽然规整，不过遣词用典清新可读：

> 羌乃寺宇高标，林泉秀削。衙戏彩而宏开，斋读书而小酌。轩敞陪辉，园成众乐。丹室延蜗，笙台唳鹤。梦儿有宅，旋来梦草之堂；孤屿名亭，绝似孤山之阁。分玉宇琼楼之景，胜游占瓯越繁华，读南亭西榭之吟，佳话轶齐梁著作。
>
> 兼以圣迹既饶，名流不少。孟襄阳对酒杯倾，陆务观泛江楫棹。草为谢客儿而绿，藤席阴铺；花非王逸少而红，荷香郭绕。记否溪山两字，朱晦翁墨迹犹新；居然风月万家，白太傅诗情未了。秋浪洒芙蓉江上，何劳《七发》于枚乘；春光藏花柳塘边，由认三生于苏小。（《黄体芳集》）

孙衣言对青年马其昶议论“介甫不足为也”的五年后，在其《诒善祠塾课约》（一八八〇）中将永嘉乡先生抬到“抗衡退之、介甫”的地位。永嘉宋儒之文与桐城派主张的古文范例构成了某种互补关系：唤起科名的举业工夫与引之入道的学术工夫。在科举未废的时代，阅读古书成为一种不得不寓诸举业的教化事业。因而，孙衣言不得不屡屡劝诫背诵时文、抄袭应试或课以偏仝割截之文题。他规定：“经史古文工夫，每日限未时以前做毕，未时以后至酉时专治举业。”其用意，是为了避免学时文之弊：“吾乡人童生但读考卷，应科举者但读墨卷，以致窒塞心源，终身贻误，不知诸名人文中，但是整齐圆满者，皆考墨也。”

他先列议论之文在铭墓之文、记序杂文前面，且举例的都是“痛快

笔记

条畅”“纵横如意”之作，用心正是克服义法教条过早养成的文章的“秋冬气”。

孙衣言所作词，亦多豪情逸兴，而少“儿女子语”，后来其词学趣味影响了夏承焘。夏承焘在《永嘉词征》中抄录了孙衣言《书表弟项君瓒癸辛词后》（一八八六）中的学词自述：

> 予在京师时年二十三四，亦尝学为词，以示友人四明姚燮梅伯，梅伯笑曰：“子木心石肠，何必学为此，徒妨他业耳？”予自是绝不敢为词，忽忽四十年矣。然每读苏子瞻、张于湖、陈同甫诸家之作，豪情逸兴相去千余年，而其傲睨一世之概犹（或作“如”）在目前，窃谓词固未可轻，且亦何必定作儿女子语耶？因是复为小词数阙，传示友好，以为娱戏，然终以用心不耐曲折，不数月复弃去矣。（《孙衣言集》，亦见《永嘉词征》）

夏承焘在所编《永嘉词征》中收录的八首孙衣言词，多类于此。而且，孙衣言所谓“吾永嘉自卢蒲江、赵西里后，此调寂寞五百年矣”的永嘉词调，在夏承焘那里得到了继续的发扬。夏承焘继承了孙衣言所言的词不必“定作儿女子语”的宗旨，开阔了词风的境界。

孙衣言曾与曾国藩游，他推崇曾国藩时的湘中士风，正在其“朴诚劲直，无软媚夸毘之习”，且“志在为国为民，不以便文自营”。其宦业经历，使得他总是在士大夫制度中思考这种学风的政教结果：“世臣乔木与国家休戚相关。”他还说：“雅慕宋时多仕宦世家，往往能以文章宦业相承接，至数十百年弗替，而国与民亦蒙其利。”这种宋之士大夫对儒治与文章的“用心”，引起了同有宦业的孙衣言的共鸣。

孙衣言的文章趣味，由桐城入，而又从曾国藩出，回乡后推崇永嘉乡先生之文，认为止斋（陈傅良）、水心（叶适）之文，能比肩韩愈、王安石。他将之前所谓“介甫”（王安石）之文和“苏醒耳目”的永嘉乡先生文章联系在一起：“止斋、水心议论之文雄视一代，碑志诸作尤能抗衡退之、介甫，自成一家。”一八八二年，孙衣言刊成《永嘉丛书》十三种八十册，并编成《叶水心年谱》，集中于“苏醒耳目”的地方文教的振兴。

在后来宋恕这一代人眼里，孙衣言的“世臣乔木”之言已经体制性败坏，人们不再寄托希望于士大夫，而呼唤新的政治主体。但孙衣言揭示的宋之士大夫的批判性意义，仍然激励着新一代的青年：“国家中叶，士攻科举，号大师者率以经义帖括授乡里，一切古籍悉屏去不省，陈、叶诸先生之书几无有能读之者。”陈傅良、叶适等永嘉学派中人为代表的宋之士大夫，作为“有用之学”的典范，它所具有的批判性仍然没有过时。而且，在孙衣言那里，他仍认可桐城派古文占据“八家以后之正宗”的地位。

但他的学生辈，晚清的“东瓯三杰”，已经彻底抛却“八家正宗”的古文路径。

二、文章教学：“以古文为时文”

除了救时文之弊，孙衣言更为远大的目标在于汇通汉宋之长而通其区畛。当时，他面对的分裂的汉宋门户：“衣言曩在京师，与方闻之士论当时门户之弊，常以为欲综汉宋之长而通其区畛者，莫如以永嘉之学。”其实，孙衣言所谓门户之弊，主要是看到桐城派标榜宋学，攻击清代汉学统绪的学术思潮，并不是宋学和汉学本身的分歧。因此，他矫正的对象主要是桐城文派，其义理是宋代永嘉之学的理事不二、义利双行之论，其辞章是“苏醒耳目”之文风。所谓的“欲综汉宋之长而通其区畛”，不过是大话而已。

不过，对桐城门户之弊的反思，也推动了他思考永嘉学派之长。永嘉学派帮助他破除模仿的文士积习，而建立“有我”的现实观念。一八五八年（咸丰八年）的《敬轩先生行状》中，孙衣言概括了永嘉学派的传承之中体现的历史连续性：“今人之心可即于古人之心”，“古人之治可措于今人之治”。

在“古”与“今”的辩证中，诗文成为沟通的一种渠道。俞樾与孙衣言是同年进士，在京师相处“如兄弟间”。俞樾自恨其诗不能如古人，而孙衣言认为，诗不必刻意求合于古，汲汲于相似只能使得诗人主体“我”的丧失。所谓的古，在精神性上并不完全寄托于外在“相似”。他强调，文章立言的关键不在于仿“古”，而在“有我”“有物”，这个“物”不是桐城义法的虚空之“物”，而是永嘉事功之学作用的对象：

> 夫诗莫古于《三百篇》，而商周之颂、正变之雅，与十五国之各自为风固不相似，至屈氏而易之以骚，至苏、李而易之以五言，亦未尝相似也。汉魏以降，诗之无愧于古人者莫如曹子建、陶渊明、李、杜、韩愈氏矣，而其诗皆未尝相似。明人始为复古之说，非汉唐之诗则不敢，以为于古人固甚似矣，而乃无以自见其为人，是谓有古人而无我。有古人而无我，则恶贵其有诗也？
>
> 宋之诗人，如苏子瞻、黄鲁直、陆务观，今学者薄之以为非古矣，然其诗具在，学问志节载之以出者，读其诗如见其人，读其诗可知其世，又安在其不古也？盖立言之道，恶其不文而无物，而古今非有择也。

所谓不择古今，即是通过“有我”而后“有古人”，因为文而有物、能知其世，即是“古”的真义。这种“有我”的精神，使得孙衣言逐渐看到桐城义法的模仿之弊。他甚至在士大夫圈子中大力宣扬永嘉文章。虽然，除了永嘉宋儒遗书的刊布得到李鸿章捐助，在金陵书局制版，他的言论并没有获得多少关注。孙衣言有《致张之洞》，认为其《輶轩》《书目》二著，“于永嘉前辈遗集似尚未尽寓目”，并特加推举有三：“水心最为雄鷙，止斋最为温粹而沉博奥衍，薛文宪尤为卓绝一时。”

孙衣言的文章学旨趣，集中见于其重订的《诒善祠塾课约》。他规定的日课中，有“看古文十页或十五页”一条，大体趋近于桐城义法，不过将“议论之文”特别地提到最先：

> 先看三苏论议之文，次看韩退之《原道》《原性》《讳辩》《争臣论》，柳柳州《驳复雠》《封建论》，欧阳公《本论》《朋党论》等痛快条畅之作。读过此等文后，作文自然纵横如意。次看韩、王、欧阳三家铭墓之文，次看八家记序杂文，大约韩、王、欧阳三家须看全集，其余先就选本上读之，茅鹿门八家及近时姚先生《古文辞类纂》最为佳本，而姚先生论文尤精，鹿门远不能逮，须并其圈点处用心思索。诸家文集看遍后，明之归震川，本朝之方灵皋、姚姬传、恽子居、梅伯言、曾涤生诸家，亦宜多看，皆八家以后之正宗也。
>
> 《吕氏博议》最近举业，马贵与《通考》诸序论亦足增长识力，皆宜看。

紧接着古文阅读，有“看乡先生遗书十页或十五页”一条，与前条相互配合，用意尤深：

> 先看水心别集及梅溪、止斋诸奏折，次看水心《文集》、止斋《全集》，次看艮斋《浪语集》、梅溪《全集》及周恭叔《浮沚集》，各集中所存吾郡掌故皆当详览，止斋、水心议论之文雄视一代，碑志诸作尤能抗衡退之、介甫，自成一家，学者岂宜忽视？予所藏各集本中皆曾手下圈点，且经详加评注，诸生读时可借取过录也。

先教时文，一边吸收桐城文章学“八家以后之正宗”的文法，一边侧重举业；兼习永嘉学派文章学，以求能读古书，培养眼力、开阔文气。

一八八二年，其学生宋恕（一八六二——一九一〇）时年二十一岁，撰《听兰书室记》，文前有孙衣言批：“命意用笔，皆近古人，能全读欧阳、曾、王三先生集，及姚选《古文类纂》、曾文正公《经史百家杂钞》，玩其评论、圈点之处，豁然贯通，数年之后，必更有津津乎有味其言之矣。”他开列的书单，基本都属于桐城之学。

一八八四年四月，宋恕重写《重建会文书院记》，文末论及当时书院风气：

> 今去宋七百载矣！近者吾郡志学之士渐起，而吾邑则寂寂然无诵声。往尝与少文登雁山，倚绝壁而临清溪，仰千尺之石梁，观万丈之飞瀑，念昔贤人，恒叹息竟日！今此举善矣，然尤愿诸君之勉其实以副其名也！
>
> 程子曰：“科举之学，惟患夺志。”志夺于科举，其不流为小人之归者鲜矣！苟志之克定，则虽科举之学，所从事者固皆治心之方、经世之术也，何不可由是以几于昔贤欤？夫科举之学，其弊

至今极矣！得之者，盖往往未尝知书；然诡遇获禽，壮夫所耻，不学苟获，岂足为乡里荣哉！且进身之始，即以苟且，在位得权，必以苟且之道事其君，待其民，徒怀乡里忠朴之俗，而伤山川浑古之气，是不如无科第仕宦之为愈哉！

原件文末有孙衣言批：“水心、止斋二先生集，无一字不古，无一字不精，且吾乡文献约略可见，乡里后生不曾留意，殊为可惜。如有志学古，记先读二先生集，一二年后亦必与人不同，其愉快有不可尽言者，试一为之！”由此可见，孙衣言在教学中，贯彻了自己独特的文章趣味，为永嘉之文找到了年轻的接班人。“水心文风”，后继有人。

三、孙衣言的启示

晚清时期，随着有识之士看到桐城义法无法应对世变，那么，走出“桐城义法”就成了不可低估的文风趋向。孙衣言之文，被归类于桐城派之中，可能主要是受到了盖棺论定的《孙太仆家传》的误导。其实，孙衣言的文章趣味可以分成两部分：前一部分是“走出桐城”，批判大而无用的“文以载道”观；后一部分是宗法永嘉之文（尤其“水心文风”），并贯彻于“以古文为时文”的文章教学之中。

桐城派姚永朴所写的《孙太仆家传》中，隐去了孙衣言为文旨趣宗永嘉学派的方面，凸显其文宗桐城的持守：“公论学宗宋儒，为古文辞守桐城方氏、姚氏绪论，出入马、班、欧、韩间，诗嗜山谷，词嗜苏、辛，尤喜考其乡先辈轶事，尝以黄太冲、全谢山《宋元学案》于永嘉诸儒犹未备，更搜捕为《永嘉学案》，又编其遗文为《永嘉集》内外编，而别刊陈止斋、叶水心两集，校勘皆精审。”其次子孙诒让《先考太仆公行状》则

笔记

淡化了桐城的派系性，论其“为古文词导源迁、固，而甄宗唐宋韩、欧诸家之长，于近代方灵皋侍郎、姚姬传郎中及曾文正公之文，尤所服膺”。其学生程鸿诏《瑞安孙琴西先生六十寿序》中，更明确地凸显出孙衣言的文章风格，不同于道学古文家所谓“载道之文”：

> 自古文之说兴，秦汉唐宋截分门户，断断如也，皆不无流弊，近复剽取语录讲章，而命之曰载道之文，读先生《逊学斋集》，博大精深，诚足湔洮庸音矣。尤善论学、论治、论兵，确然可见诸施行，又孝友忠爱之诚，勃然而不可遏，而固非袭道学之似。

年轻的谭献，在日记中记录了孙衣言在京师时学归评《史记》，并对这种桐城之学做了批判：“阅《史记》，知后世之节字省句以为古者皆可笑也。归评《史记》，桐城一派古文家主张之。少游京师，孙琴西、王少鹤二公方从事铅丹，以为枕秘。予过读不甚喜之，已而得见章先生《遗书》，披写摧陷，益轻之。三十年来，粗明群籍，折衷大谊，乃知震川得史公之肤末，而不可谓无所见。第佔毕点识，何足以教后人？推崇之者传写遗笔，自为师法，不可谓非幸也。方侍郎评跋，张氏刻本附录，亦有可采。予读《史记》，旧有识语数十则，在别记。大约欲为司马辨者，‘发愤著书’及‘是非谬于圣人’二语也。”

谭献不满于桐城古文的义法之学，而认为所谓“古文”太过拘泥，需要加以突破。他说：“吾辈文字不分骈散，不能就当世古文家范围，亦未必有意决此藩篱也。不谓三十年来几成风气。”四十年后，文学史家钱基博认为，谭献的文学宗旨体现了晚清以来的一条文章学主线：“谭氏论文章有用有体、有余为诣、有我为归，不尚桐城方、姚之论，而主张胡承诺、章学诚之书，辅以容甫（汪中）、定厂（龚自珍），于绮丽丰缛之中，存简质清刚之制，取华落实，弗落唐以后窠臼，而先以不分骈散为粗迹、为回澜。五十年来遂成风气，而余杭章炳麟太炎应运起以有大名。故其论文以澹雅为宗，皈依晋宋，章炳麟文之所自出也。”然而，年轻的谭献、后起的钱基博，都忽视了当年孙衣言已经主张以“春夏气”救桐城文章之弊，以永嘉乡先生文章之学救时文之弊，而且培养了一批善于骈文的弟子。

“文风”的批判，牵动着晚清的“学变”与“道裂”。从世界史范围看，孙衣言从“归方义法”转向“水心文风”的时期，大致对应于日本进入明治时期（一八六八），开始全盘导入西方新知识的时候。孙衣言希望汇通汉宋的学术意图，在新知识学兴起后，将会不得不面临学域界定的问题。因为，在一八七〇年的日本人西周看来，“大凡学问均有‘学域’，地理学有地理学之学域，政事学有政事学之学域。于各学必识察其范围，正确区别，不可越界而引起种种混乱”。所谓汉宋的问题，在这种西洋科学的知识论中，首先面对着归纳演绎的逻辑性考研，其次面临着分科的必要性。日本启蒙思想家西周仍然秉持了广义的“文章”理解，认为“文章”是实现“学术”之目的的方略、策、媒。但是，作为目的的学术已经科学化，“文章、设备、制度等均为发现真理这一目的之手段”，“文章尽管能成为极大地辅佐学术、寻求真理的方略、媒介，但沉溺于文章之道，反将损害发现真理”。对于此点，孙衣言仍然属于旧时代，真正的反思尚需由陈虬、宋恕等学生辈来完成。他们批判“文章”的空洞化，进而根据前秦的名学框架提出“由名转实”的知识论转向，这为文章接引“世变”打下基础。所以，孙衣言是一个预言者，他没有看到永嘉之学得到经世之用（如陈黻宸一代人所做的），然而他深信永嘉之学有益于当世，这种理想被年轻辈所继承并实践。

笔
记

地方文献整理大有可为

本集组稿略偏重文献，开篇民国雁荡山游记十篇，紧接着日军侵占温州老照片一组，再是张宪文致蒋礼鸿信札，大概占了全书三分之一篇幅。《瓯风》自创办以来，一方面重视抢救文化老人的记忆，挖掘一手材料；另一方面注重文献整理，几乎每集都刊发一二篇未曾披露的材料。

关于文献整理，确实大有可为。尤其是民国文献，如此丰富，可以长时间进行开发。地方上的一些报刊，近年来逐渐为人关注。虽然温州市档案馆所藏老报纸已整理成《温州老新闻》《温州老副刊》《温州老广告》等出版，但还可进一步利用 ，另外一些档案也要抓紧整理。温州市图书馆收藏老期刊非常丰富，也应影印出版，方便使用。雁荡山文献整理亦是一个课题，本集刊登这十篇文章和若干照片，只是很少的一些材料，雁荡山游记、照片、书画可以编出几部大书来。江心屿文献同样也要系统整理。读《林兢在西北地区的政务改革及其困局》一文也使人想到一些民国学人研究的空白点还很多，亟待深度挖掘。研究建立在材料的基础上才扎实，所以要重视文献整理。“著得一部新书，便是千秋大业；注得一部古书，允为万世宏功。”有心就可以办到。

编者

二〇一九年九月二十五日

附：众筹名单

（本名单排名不分先后）

艾　子	白　杨	白新华	白云贵	鲍海春
蔡　榆	蔡可群	蔡克骄	蔡青仕	曹凌云
曹小川	曾曼莉	曾荣跃	柴一蝉	柴一峰
陈　建	陈　杰	陈　经	陈　乐	陈　磊
陈　理	陈　纬	陈　翔	陈　骁	陈　勇
陈　佐	陈爱雪	陈丹怡	陈德香	陈东升
陈发赐	陈丰盛	陈高楼	陈汉莉	陈洪波
陈洪漪	陈建胜	陈康汉	陈梅萼	陈瑞来
陈瑞赞	陈若茜	陈胜华	陈胜武	陈盛奖
陈天庸	陈万军	陈伟玲	陈小萍	陈小勇
陈晓明	陈新民	陈一凡	陈一梁	陈以周
陈有为	陈增杰	程丽坚	程绍国	池如镜
崔　国	崔　勇	戴文风	丁海涵	丁小明
丁小蓉	董　苗	董　姝	董约武	杜明克
端木敏彬	端木敏静	范琼伏	方坚铭	方韶毅
方绪晓	冯大明	冯强生	冯志祥	傅国涌
富晓春	高启新	宫温虹	郭　欣	何　红
何光明	何群欢	何天健	洪道从	洪光华
洪振宁	洪振允	侯小勇	胡　勇	胡　珍
胡念望	胡奇美	胡嗣雄	胡肖平	胡一皓
黄　洁	黄　晶	黄　末	黄　强	黄　伟
黄国璋	黄海燕	黄鸿森	黄嘉强	黄剑萍

黄军武	黄林芬	黄梦桐	黄明东	黄瑞庚
黄珊珊	黄少东	黄胜凯	黄顺陆	黄学敏
黄雪苗	黄哲贵	季国林	季奇武	姜冬梅
姜立秋	姜萌韶	蒋　遂	蒋　樨	金　俊
金　松	金　涛	金　纬	金柏东	金城濠
金传多	金丹霞	金登友	金理串	金佩琼
雷文军	李　斌	李　坚	李　相	李上纯
李少仲	李玉迪	廖林平	林　白	林　辉
林　南	林　特	林　委	林　兴	林　勇
林楚君	林光辉	林宏伟	林鸿晏	林江泓
林锦萍	林莱霓	林日正	林若祥	林思思
林晓克	林永碎	林长建	刘　晨	刘　坚
刘　米	刘　如	刘宏宇	刘华卓	刘娇娇
刘梁剑	刘启焕	刘荣锋	刘时觉	刘文起
刘旭道	楼晓勉	卢剑平	卢礼阳	卢列奇
卢为峰	罗静方	罗学锋	罗英姿	吕德惠
吕作用	马　叙	马　伊	马邦城	马大正
马亦钊	马宇远	马哲全	毛薇洁	缪克构
倪渠淼	潘　捷	潘朝晖	潘德宝	潘端嘉
潘貌貌	潘慎言	潘向峰	潘一钢	潘一新
彭　涛	钱　茵	钱胜益	裘士雄	瞿冬生
瞿长凯	任　军	沙开胜	邵　舟	邵余安
沈　楚	沈　迦	沈　玮	沈　杨	沈国林
沈克成	沈智毅	施　磊	施　希	施菲菲
施世潮	施素娇	施秀娟	史从忠	宋旭华
苏建忠	苏伟纲	孙邦金	孙成方	孙焊生
孙焕挺	孙建舜	孙金辉	孙丽雅	孙良好
唐闻科	唐彦中	滕万林	滕伟忠	万　军

王　宏	王　键	王　进	王　然	王　芫
王安国	王从权	王宏宏	王孔瑞	王冕冕
王圣思	王胜权	王孙威	王微微	王文烽
王文锋	王贤俊	王小宁	王小玉	王小圆
王晓东	王兴雨	王亦武	王幼芙	王则柯
王长明	王志刚	王祖兴	温秀君	温作市
翁金淼	翁逻沿	吴　超	吴　谷	吴　琦
吴　潇	吴东峰	吴行妙	吴极中	吴加想
吴丽华	吴树乔	吴耀东	夏海豹	夏海霜
夏妙录	夏三忠	夏新天	项　宇	项宏志
谢　敏	谢加平	谢佩珍	谢作拳	谢作相
徐　晖	徐　力	徐　亮	徐彩琴	徐宏图
徐慧珠	徐莱萍	徐伟俊	徐晓军	徐幸起
徐宣冬	徐伊霓	徐逸龙	徐玉福	徐宗帅
许蒙爱	许晓锋	薛　宇	薛志豪	言轻人
杨　雅	杨冰杰	杨瑞津	杨瑞明	杨信良
杨一樵	杨振海	杨志华	叶　繁	叶　建
叶　众	叶超莹	叶丽雅	叶秋萍	叶依雨
叶玉林	叶育登	叶正猛	叶仲伟	易味味
易瑶瑶	应华盛	尤荣开	余　伟	余建海
余少予	俞　詠	虞海泽	虞争鸣	袁　鸣
詹恭学	张　乐	张　烈	张　翎	张　迈
张　仁	张　涨	张抱一	张朝华	张国谦
张金成	张求会	张小惠	张小燕	张小宇
张延银	张永谦	张志杰	张紫梁	章陈坚
章苏凤	章秀平	章祎蓓	章亦倩	章志诚
赵　靖	赵爱月	赵崇洁	正　辉	郑　杰
郑　凌	郑　勇	郑大转	郑剑萍	郑金才

郑钧文	郑可麟	郑清龙	郑胜武	郑小同
郑晓泉	郑星同	郑展鹏	郑祖欣	钟求是
周　红	周　围	周　愚	周邦杰	周保罗
周恩义	周功清	周吉敏	周劲红	周履锵
周荣光	周潇莽	周志跃	朱定中	朱华夏
朱丽华	朱清琦	朱文信	朱闻武	朱幼宏
诸葛忆兵	诸显孟	卓　永	龙湾区图书馆	鹿城区图书馆
瑞安市政协文史委	瑞安中学	温州市委党校	温州中学	温州中学团委
玉海文化研究会				

图书在版编目（CIP）数据

瓯风．第十八期 / 方韶毅主编．-- 上海：文汇出版社，2019.11

ISBN 978-7-5496-3044-8

I. ①瓯… II. ①方… III. ①文史资料 – 温州 – 文集 IV. ① K295.53-53

中国版本图书馆 CIP 数据核字 (2019) 第 242397 号

瓯风

第十八集

主　　编　方韶毅
责任编辑　苏　菲
装帧设计　何天健
排版制作　胡文胜

出版发行　文匯出版社
　　　　　上海市威海路 755 号（邮政编码 200041）
经　　销　全国新华书店
印刷装订　温州今日印刷有限公司
版　　次　2019 年 11 月第 1 版
印　　次　2019 年 11 月第 1 次印刷
开　　本　787 × 1092　1/16
字　　数　17.5 千字
印　　张　12.75

书　　号　ISBN 978-7-5496-3044-8
定　　价　48.00 元